300.000 Beijos

HISTÓRIAS DE AMOR *QUEER* NA ANTIGUIDADE

Seán Hewitt & Luke Edward Hall

TRADUÇÃO
BE RBG

HARLEQUIN

RIO DE JANEIRO, 2024

I

Eros também desperta com a estação, quando a Terra
se envolve na primavera e se inflama de flores.
Então o deus parte de Chipre e caminha entre
os homens, espalhando sementes pelo chão.

II

Rapaz, você é como um cavalo: já saciado
com sementes, agora volta para meu estábulo
desejando um bom cavaleiro, um campo aberto,
um riacho cristalino, um arvoredo sombreado.

TEÓGNIS, *ELEGIAS*

NOTA DE TRADUÇÃO

Em grande parte dos volumes traduzidos do grego ou do latim, é provável que você encontre inúmeras notas de rodapé repletas de explicações, que abordam desde contextos históricos e referências culturais até particularidades linguísticas. Além disso, alguns livros chegam a contar com os textos gregos e latinos na folha da esquerda, com a tradução em seguida, na da direita. Tudo isso é feito em nome de muita precisão e pesquisa, que merece toda nossa valorização, pois permite uma atenção especial para a forma como esses textos foram escritos e traduzidos. Encontramos especialistas em determinada autoria, às vezes em apenas uma só obra, que levaram anos para traduzi-la com todo esmero. Em outros casos, um único livro é traduzido por toda uma equipe de pessoas com experiência nos estudos gregos ou latinos.

A proposta de Seán, neste livro, é diferente. Um só tradutor para uma grande variedade de trechos de obras dessas duas línguas, que também se dedicou com muito empenho nessa tarefa de recriá-los em inglês. No entanto, ele não teceu comentários sobre questões métricas ou rítmicas, detendo-se mais no conteúdo das histórias narradas. Portanto, peço licença às pessoas dos estudos helenistas e latinistas, pois realizei uma tradução indireta desses textos, buscando me guiar pelos modos como o tradutor os retratou de modo a visibilizar sua importância histórica *queer*. É um modo singular de compartilhar com um público maior as histórias que foram invisibilizadas por tanto tempo, ainda que já sejam muito reconhecidas dentro dos debates LGBTQIAPN+. Como o próprio tradutor original e organizador deste livro nos traz, é preciso celebrar e criticar, mas, acima de tudo, reconhecer que pessoas *queer* existem e que nossas vidas são legítimas.

PRÓLOGO

SEÁN HEWITT

Os dois textos breves que abrem este livro, escritos por Teógnis, poeta da Grécia Antiga, nos dão um primeiro vislumbre do ensolarado Mediterrâneo clássico. No primeiro poema, a primavera e o desabrochar das flores se tornam o florescer do amor e do desejo, espalhando-se pela terra, misteriosos e sagrados. No segundo, um rapaz é como um cavalo, cheio de calor físico, que retorna com urgência para seu amor. Há franqueza e ternura nesses versos. Eles nos oferecem uma visão de um mundo muito anterior ao nosso, no qual as existências *queer** eram reconhecidas e expressadas como parte integral e constitutiva do tecido da vida. O erótico se encontra ao lado do elemental; a natureza governa as paixões; uma vez que tudo é cheio de desejo, faz sentido que nós sejamos também.

Quando o mundo em que habitamos não nos representa, é natural que procuremos outro. Quando nos sentimos sós, é natural que busquemos conexão. Todo mundo investiga o próprio passado, mas o que acontece quando olhamos para trás e vemos uma realidade em que não existíamos? A ideia de que o mundo existe sem nós é uma mentira, e as lacunas na história não são acidentais. Mas a história não é o passado, é apenas a forma como ele foi escrito. Olhe mais de perto, por mais tempo, e o que a princípio parecia um céu escuro de repente passa a cintilar com centenas de constelações.

Para pessoas *queer*, recuperar a própria história também costuma ser uma descoberta. É de se admirar que Oscar Wilde, no banco dos réus

---

* Na história da língua inglesa, a palavra *queer* passou a ser utilizada como xingamento contra pessoas que não se adequavam aos padrões impostos sobre o gênero (a cisgeneridade) e a sexualidade (heterossexual) e, posteriormente, foi reivindicada pelos movimentos sociais de forma positiva. Como se trata de uma palavra que remete a muitas identidades (e até uma crítica à noção de identidade, tentando deixar essas categorias mais abertas), não é possível traduzi-la de forma unívoca. [N.T.]

durante seu julgamento por atentado ao pudor, tenha falado de um amor comum a Platão, Michelangelo e Shakespeare? A História e a cultura deram provas de um amor duradouro, que produziu algumas das melhores obras de arte que o público de Wilde conhecia. O gesto do autor de puxar esse fio de ouro e colocar-se como um dos herdeiros desse amor foi audacioso e imensamente comovente. Muitas pessoas no auditório do tribunal aplaudiram, apesar das próprias opiniões.

Os nomes mencionados por Wilde talvez sejam familiares, mas convido você a incluir os nomes das personagens e das pessoas escritoras que se encontram neste livro também. É uma lista longa e gloriosa. Esse passado pertence a toda pessoa *queer*, e é seu direito herdá-lo. Aquela súbita explosão de aplausos na sala do tribunal foi um vislumbre de como seria presenciar uma reivindicação genial de um direito inato. Foi uma cena de tirar o fôlego e seu poder reverbera no tempo e no espaço. Quando leio estas histórias da Antiguidade, tenho o mesmo sentimento radical e revelador. Em vez de ser banido nas marés obscuras da história, percebo que estou navegando em um barco dourado.

Na primeira vez que li o discurso de Oscar Wilde, durante a adolescência, senti como se o mundo, e meu lugar nele, tivesse mudado para sempre. Descobri as joias de um tesouro escondido da vista do público: uma vida vibrante e legítima me atraía com algo que eu sentia ser uma promessa de pertencimento. Quando ouvi os murmúrios sobre a cultura da Grécia Antiga na escola, foi como se tivessem me contado um segredo. Essas migalhas da história tinham um aspecto ilícito, misterioso, emocionante. Comecei a procurar todas as evidências que estivessem a meu alcance e encontrei heróis e heroínas *queer* que reverberavam em mim. Aquiles foi o primeiro que cruzou meu caminho, um guerreiro cujo nome eu conhecia porque nomeava uma parte do meu corpo. Até um tendão do meu calcanhar me ligava a uma história *queer* que ninguém nunca tinha mencionado para mim. Meu calcanhar era como o dele, meu corpo era herdeiro de um mito.

Encontrei mais rastros para recompor essa história secreta. Muitas ideias a respeito das existências *queer* em nossa cultura estão costuradas com aquele fio de ouro: por exemplo, pense nos termos "sáfica", "lésbica" e "androginia"; todos possuem raízes clássicas e inferências. Ao ler estas histórias, você encontrará as várias formas pelas quais o amor e o desejo *queer* se tramaram ao longo da Antiguidade. Estão esculpidos nas pedras e se dão entre flores e animais; e são uma parte fundamental das aventuras épicas que moldaram a história e a imaginação de culturas inteiras.

A leitura destes clássicos provoca algumas perguntas que são muito contemporâneas. Para quem imaginamos o amor? Para quem creditamos o desejo? Para quem concedemos o dom da imortalidade? O corpo pode ser alterado para acomodar melhor a alma contida nele? Quando fazemos essas perguntas em nossa própria época e as rastreamos em histórias antigas, identificamos novos caminhos, novos passados e novas formas de seguirmos em frente. Encontramos a iluminação de um mundo que acaba completamente com o puritanismo do nosso. A franqueza exuberante das autorias gregas e romanas zomba da estreiteza de nossa opinião popular, inclusive a atual.

Mas, como sempre, as coisas não são tão simples assim. Ainda que os textos neste livro sejam palco de inúmeras discussões sobre beleza, camaradagem e desejo, também há materiais difíceis de assimilar ao pensamento moderno progressista. Vários papéis e identidades de gênero que emergem tanto no mundo grego quanto no romano não são reconhecidos universalmente. Ao ler esta nova versão dos clássicos, você talvez se pegue tentando mapear as relações entre nossa linguagem e nossos saberes com esse passado. É difícil deslocar as palavras que usamos para nossas identidades hoje — cada uma delas surgiu em um contexto histórico específico. Mesmo assim, ainda que os conceitos que conhecemos (como gay, bissexual, *queer* ou trans) não existissem na Antiguidade, nossa humanidade fundamental nos leva a estabelecer conexões que precisam ser feitas com cuidado. Há rapazes que, de modo divino, se transformam em moças e vice-versa, as existências "andróginas" ou "hermafroditas" recebem atenção, e destacam-se as formas como alguns desejos sexuais e identidades são aceitos, enquanto outros são restringidos nas sociedades antigas.

É óbvio que toda representação do sexo e do desejo precisa dar espaço para a fantasia e para as dinâmicas de poder do olhar de quem escreve, e não temos como saber o que mulheres, pessoas não binárias e das classes marginalizadas achavam dessas histórias. Por exemplo, nos *Epigramas* de Marcial encontramos duas sapatões*

* Opto por essa palavra para a tradução de "butch", pois discussões contemporâneas brasileiras entendem "sapatão" como uma categoria que intersecciona questões de sexualidade e de gênero. [N.T.]

impressionantes, Fílenis e Bassa. O olhar do escritor se mostra fascinado pelo poder delas, mas também ansioso para censurar a rejeição dessas mulheres aos homens. Ele está excitado e irritado ao mesmo tempo. Como um público leitor moderno, damos uma espiada nesse mundo *queer* e percebemos como seu referencial é misógino. Também reconhecemos uma tendência similar no olhar masculino moderno: a objetificação das mulheres se alia com o pavor da sexualidade delas.

É bem menor a quantidade de registros sobre relacionamentos entre mulheres *queer* na literatura dos clássicos gregos e latinos. Mesmo neste livro, no qual trazemos novas versões de textos que hoje podemos dizer que incluem personagens não bináries e mulheres lésbicas ou bissexuais, o que temos na maioria das vezes são vislumbres. Os fragmentos vibrantes de Safo são hinos para suas amadas; e um raro poema em um grafite de Pompeia expõe como os desejos e relacionamentos entre mulheres foram transmitidos através da música e das pedras. Um feitiço de amor encontrado em um papiro egípcio mostra as profundezas encantadoras do desejo das mulheres, repleto de energia e paixão; e a história de Ífis e Iante, nas *Metamorfoses* de Ovídio, brinca com os papéis de gênero e com o amor entre mulheres.

As complexas perspectivas e recepções desses textos (as histórias são narradas pelo viés da sátira, do debate, e abarcam temporalidades tanto reais quanto imaginárias) rendem muitas discussões sobre o que é apoiado ou reprovado. A Antiguidade não é um espelho perfeito, muito menos oferece imagens simples. Naquela época, classe, gênero e inclinações sexuais eram reconhecidas como barreiras para a liberdade e aceitação total, como são ainda hoje. É importante estar consciente das imperfeições e alteridade dessas sociedades idealizadas, assim como festejar com suas músicas apaixonadas.

Nestas páginas, é provável que você se comova, celebre e perturbe-se, tudo isso na mesma medida. Haverá momentos em que as histórias vão se apresentar irresistivelmente próximas, em outros serão de uma distância chocante. É importante dizer que não censuramos os textos. Nós os apresentamos aqui em toda a sua glória desajeitada, embora muitos tenham sido apagados das edições modernas (como alguns epigramas "obscenos" de Marcial a respeito do desejo homoerótico entre mulheres).

Ao ler estes textos, fiquei impressionado com a frequência com que essas histórias, que em geral terminam em tragédia, incluem os amados no mundo dos deuses, ou guardam a forma de seus corpos em flores que retornam todo ano, ou em constelações que vivem mais do que qualquer mortal. Histórias de origens e mitos guardam as existências *queer* e suas resistências, de forma que o mundo ao redor pode ser visto como produto do desejo, da vontade e da profunda tristeza de amantes separados. As divindades, as paixões e as estações mutáveis da natureza movem as personagens. Mulheres se tornam flores e entalham seu desejo em pedras; homens inscrevem suas lágrimas em pétalas, frequentam balneários repletos de vapor e esculpem dildos em galhos de árvores que crescem das tumbas de seus antigos amores. As divindades, que sofrem tanto com a paixão por mortais, ficam de luto e os transformam em constelações. Dessa forma, o amor *queer* se escreve na paisagem e no céu, profundamente conectado com o mundo em que existe, conduzindo um fio brilhante de quereres através dos anos intermediários. Quando consideramos os muitos apagamentos da história *queer*, que ainda estão presentes nos silêncios estarrecedores dos arquivos, é muito tocante ver um mundo, tão distante do nosso, em que a existência *queer* está presente em sua composição mais elemental.

Nesta antologia, esperamos que você encontre romances, alegrias, tragédias, tristezas e desejos, e conecte-se novamente com esses mitos arquetípicos das existências *queer*. Não se trata de uma utopia, pois reconhece, sem pudores, as imensas variações do que é humano e do que é divino. Nestas praias ensolaradas e nestes recônditos arvoredos exuberantes, há espaço para celebrações e para o êxtase dançante das paixões. A forma como você vê o mundo talvez mude depois de ler estas histórias sobre heróis, heroínas, profissionais do sexo, divindades e semidivindades, pois nelas um jacinto pode ser a inscrição de um amor *queer*, e as estrelas no céu, a imortalização de um desejo *queer*. O mundo dessas figuras é um coro vívido, profético e de tempo limitado, sombrio e colorido. Neste livro, pela primeira vez tentamos capturar um pouco da deslumbrante energia *queer* das imagens e histórias da Antiguidade para fazê-la chegar às suas mãos, como um tesouro que cruzou os séculos.

GANIMEDES & ZEUS

OVÍDIO, *METAMORFOSES*

Homero descreveu Ganimedes como o mais belo mortal. Ganimedes foi raptado e levado ao Olimpo para que as divindades pudessem apreciar sua radiante beleza. O mito de Ganimedes e Zeus — de um jovem pastor raptado pelo deus mais poderoso — funciona como arquétipo da pederastia (um costume grego constituído pela relação romântica entre um homem adulto e um adolescente), e há incontáveis representações de Zeus, na forma de uma águia, sequestrando o jovem. Em algumas, os cães do belo pastor latem para as sombras das nuvens na tentativa de chamá-lo de volta para a terra. Na cena pintada por Rembrandt, o jovem é representado como uma criança que urina de medo quando a águia monstruosa agarra seu braço. No *Ganimedes* de Michelangelo, o jovem musculoso é preso pela águia, que monta nele em um turbilhão de força e violência, levando-o, em uma luta, na direção do céu. O breve relato de Ovídio tem pouco dessa violência e busca delinear a história em si. Aqui, no latim de Ovídio, o deus Júpiter, frequentemente considerado o equivalente romano de Zeus, aparece em seu lugar.

Certa vez o rei dos deuses se incendiou de amor
por um jovem chamado Ganimedes. Júpiter vasculhou o mundo para
decidir qual forma assumir, então inflamou-se como um pássaro —
nada de pardal, não, apenas uma águia seria digna.
Apenas uma águia poderia carregar os raios eletrizantes
do deus, e assim ele voou com suas enganosas asas,
arremetendo pelas fissuras do ar, e raptou
o belo rapaz, que hoje prepara o néctar de Júpiter
e o verte em sua taça, apesar da raiva de Juno.

A CANÇÃO DE UM PASTOR

VIRGÍLIO, *ÉCLOGAS*

Nesta exuberante obra pastoril repleta de amor, Virgílio nos apresenta um pastor, Córidon, que está enlouquecendo de desejo por um belo jovem chamado Aléxis. As *Éclogas*, divididas em dez partes, seguem o modelo da poesia bucólica grega, mas os poemas de Virgílio trazem uma turbulência, às vezes política, ou, neste caso, erótica. Esses textos contêm inúmeras canções de pastores e vale dizer que eram interpretados nos palcos romanos. Você pode sentir a qualidade dramática em determinados elementos: como é possível imaginar Aléxis sem nem o ter conhecido, e no jeito que Córidon, o cantor, nos apresenta a paisagem de verão transbordante e a história de sua vida romântica. Ainda que esteja cercado de um mundo fervilhante e ensolarado, coberto por plantas e frutas, Córidon está sozinho sem seu amor. O contraste entre seu desejo e a figura silenciosa de Aléxis, o que ressalta a ausência motivadora do poema, é comovente de uma forma muito impressionante.

Ah, Córidon ardia de desejo por Aléxis —
seus membros e seu coração se incendiavam em fantasias,
uma brasa desesperada que se acalmava apenas no consolo
do denso arvoredo de faias, sua sombra tranquila
nas colinas onde ele caminhava todo dia,
e o pobre pastor entoava suas canções exaustas,
desejando ser ouvido:

"Aléxis, consegue me ouvir?
Se você não me responder, a fornalha de minha mente
um dia vai se apagar. Vou morrer de amor, disso estou certo.

É fim de tarde, o gado busca a sombra
das árvores e os lagartos se refrescam
no refúgio dos matagais. Os ceifadores, bronzeados
e cansados, se aliviam com alho selvagem
e tomilho — mas você se foi. Passei horas
seguindo o rastro de seus passos no bosque,
mas o dia quente ressoa apenas a voz
das cigarras e a minha. Por favor, me escute.
Talvez eu devesse ter me conformado com outro amor.
Talvez devesse ter tolerado o mau humor de Amarílis,
a irritabilidade dela, ou tentado dar certo com Menalcas,
embora a beleza dele não se compare à sua. Mesmo assim,
Aléxis, lembre como cai a flor branca
do alfeneiro; como os jacintos escuros
se quebram sob o próprio florescer...

"Você me despreza, Aléxis,
mas eu tenho mil cordeiros perambulando pelas colinas da Sicília
e já se passaram verões e invernos onde
a única coisa que me falta é você. Posso cantar
como Anfíon fazia para chamar de volta
seus rebanhos nos declives de Aracinto. E penso
que também sou belo; ou pelo menos meu reflexo era
há alguns dias, quando me olhei no espelho silencioso
do mar, sob o vento que acalmava as ondas, e gostei do que vi. Imagine
como seria se pudéssemos morar juntos aqui, Aléxis —
em uma casa de campo, em algum lugar entre os prados selvagens,
nós dois caçando cervos, conduzindo os rebanhos
pelos verdes campos de malva.

"Aqui, como Pã, você preencheria os bosques
com música. Ah, e pensar nos sons que seus lábios cheios

poderiam fazer! Tenho um instrumento feito
de hastes de cicuta que Dametas me deu em seu
leito de morte. 'Você será o segundo amor dele', disse.
Naquela época, Amintas tinha ciúmes de mim. Estou guardando
duas corças para você, Aléxis: eu as encontrei
em um vale hostil, os flancos malhados de branco.
Ainda são jovens, ainda se alimentam de leite de ovelha,
e poderiam ser suas, Aléxis, se você viesse a mim.

"Ah, amor, venha cá. Veja! As ninfas
estão trazendo flores para você, cestos
de lírios. Para você, Náiade colheu um ramo
de íris e flores de papoula, um narciso amarelo
e uma linda erva-doce florida. Veja como ela as entrelaça
com cássias e ervas, com bagas de mirtilos
e calêndulas. E eu recolheria marmelos para você,
esse fruto pálido e aveludado, e castanhas também,
como fiz para Amarílis quando a amava. E vocês,
ameixas maduras, e vocês, ramos de louro, e você,
doce murta. Ah, Córidon, seu tolo! Se Aléxis
se importasse, não seria com presentes.
Além disso, Iolas sabe presentear melhor do que você.
É uma tolice sonhar assim, e agora,
com esse seu canto estúpido, você deixou o vento desenlaçar
suas flores, deixou o javali selvagem pisar
em sua fonte cristalina.

"De quem você está fugindo? Até Páris
viveu nos bosques como eu. Deixe Palas viver sozinha
em suas cidadelas vazias. Eu amo as terras silvestres
mais do que qualquer outro lugar. É assim, Aléxis:
a leoa persegue o lobo, o lobo persegue a cabra,

a cabra vai atrás do trevo que floresce
e eu vou atrás de você. Veja — os arados suspensos
estão recobrindo os campos, e o cair do sol
duplica o comprimento da sombra do jovem touro —
e mesmo assim, depois de toda a minha cantoria, o amor
me perpassa em chamas. Abrasa-me. Não há limites
nem alívio. Ah, Córidon, ainda lunático,
possuído. Olhe para você. Metade de suas videiras
está sem poda, metade dos olmos está infestada.
Por que não se acomodar? Por que não trabalhar um pouco?
Triste pastor, se Aléxis não vier,
certamente você encontrará outro?"

O GRAFITE DE UM LAMENTO

CORPUS INSCRIPTIONUM LATINARUM

Este grafite — um dos poucos poemas que restaram da Antiguidade romana narrados por uma mulher dirigindo-se à sua amante — foi encontrado em uma parede de um corredor em Pompeia. A argamassa em que foi escrito, com linhas organizadas e metrificadas, encontra-se agora no Museu Arqueológico Nacional de Nápoles. É provável que o registro do poema não tenha sido feito pela autora original, mas por alguém que escutou o poema e quis gravá-lo em algum lugar.

A imagem final do lamento quase o torna uma alba, um poema que recebe o nascer do sol e lamenta o fim da noite, quando amantes precisam se levantar da cama, separar-se e seguir seus caminhos no mundo. Muitas pessoas podem associar esse tipo de poema com as líricas amorosas da Renascença, mas esse momento em específico — posicionado entre o claro e o escuro, entre a intimidade privada e a vida pública — aparece de forma muito delicada aqui também.

Ah, se eu pudesse manter seus braços ao redor de meu pescoço
e deixar mil beijos em seus lábios macios —
mas vá, minha boneca, lance sua felicidade à brisa...
Acredite, homens são seres volúveis.
Acordo com frequência no meio da noite,
perdida em pensamentos, e vejo todas as pessoas que a fortuna
elevou. Ela as derruba em algum momento,
suas bonequinhas. Pois veja só, mesmo agora, por mais que
Vênus tenha juntado os corpos das amantes, chega a luz do dia
e as afasta...

O CONTO DE UM MÉNAGE

LUCIANO, *DIÁLOGO DAS CORTESÃS*

Neste diálogo entre profissionais do sexo, uma mulher conta a história de um ménage com Megila e sua esposa, Demonassa. É possível supor que Megila era sapatão, ou, como diz para Leena, "uma mulher que pensa e deseja como um homem", mas a descrição que Megila faz de si mesma não condiz com a linguagem usada pelas cortesãs. Em dado momento, ela rejeita por completo a ideia de ser mulher, sugerindo outras possíveis identidades, e pesquisas recentes apontam que talvez fosse mais adequado referir-se a Megila como um homem trans, utilizando pronomes masculinos. Acredito que é realmente o caso, mas optei pelo pronome "ela" apenas para manter a complexidade do original. Embora Leena tente encaixar Megila em uma definição, esta se esquiva e a corrige sem rodeios. Este diálogo nos dá um vislumbre a respeito dos conceitos de gênero e sexualidade na sociedade romana, e há uma amostra de como o binário não cai nada bem.

Embora o público de Luciano tivesse uma visão rígida sobre gênero, determinando-o pela biologia, e provavelmente lesse Megila como uma mulher, a forma como o autor a caracteriza talvez revele como essa percepção é limitada. Também é possível observar como o sexo é abordado de modo franco e despudorado, ainda que o desejo *queer* apareça com reservas. Na estrutura da história, Clonário pressiona Leena para saber mais detalhes, e esta cede, mas depois mostra-se envergonhada por suas experiências com pessoas do mesmo sexo. É uma cena divertida, sexy e de muita liberdade.

CLONÁRIO: Escutei umas histórias estranhas a seu respeito, Leena. Disseram que Megila, a mulher rica de Lesbos, ama você como se ela fosse um homem e que ela... bem, que vocês fazem sabe-se lá o quê juntas. Que foi? Ficou vermelha? Então é verdade...

LEENA: É verdade, Clonário. Mas morro de vergonha. É contra a natureza.

CLONÁRIO: Por Afrodite, Leena! Conte-me tudo. O que essa mulher pede para você fazer? O que vocês duas fazem juntas? Conte-me!

LEENA [*ruborizada, olha para os próprios pés em silêncio*]

CLONÁRIO: Bem, agora tenho certeza de que você não me ama. Se amasse, não esconderia nada de mim.

LEENA: Clonário, não diga isso. Eu te amo tanto quanto amo qualquer mulher. A questão é que Megila parece muito um homem.

CLONÁRIO: Não sei se entendi bem... Quer dizer que ela é meio que uma... mulher-macho? Soube que há mulheres assim em Lesbos. Têm rostos de homem, mas não suportam a cama deles, e encontram prazer em outras mulheres, como se também fossem homens. Megila é assim?

LEENA: Mais ou menos isso, sim.

CLONÁRIO: Ah, deixe disso! Desenvolva mais essa história. Quero saber tudo, Leena. Como ela flertou com você? Como te persuadiu a deixar que ela fizesse o que queria? E o que aconteceu depois?

LEENA: Bem, foi quando Megila e Demonassa, de Corinto, estavam organizando uma festa e me levaram junto para tocar canções no evento. Assim que terminei a última música, quando já era tarde da noite e as mulheres estavam bêbadas e eu, exausta, Megila se virou para mim e disse: “Você parece cansada, Leena. Não quer vir e dormir com a gente?”.

CLONÁRIO: E você foi? O que aconteceu depois?

LEENA: Primeiro elas me abraçaram e me beijaram que nem homens, não só com os lábios, mas abrindo bem a boca, o hálito delas misturado ao meu, e tocaram meus seios. Demonassa até chegou a me morder gentilmente ao me beijar, e eu nem sabia o que fazer. Depois de um tempo, Megila, que tinha a pele quente contra a minha, ruborizada e suando, tirou a peruca. Fiquei surpresa. Jamais imaginaria que seu cabelo era falso, e ela revelou um cabelo raspado bem rente, muito parecido com o corte de um atleta.

Ela deve ter percebido como fiquei chocada, porque disse: "Leena, já viu um rapaz tão bonito?". "Não vejo rapaz nenhum aqui, Megila", respondi. "Não me tome por mulher", disse ela. "Estou casada com Demonassa há um bom tempo. Ela é minha esposa." Eu ri, Clonário, e disse: "Então, Megila, esse tempo todo eu não sabia que você era um homem. Você é como Aquiles, que se escondia entre as garotas? Ou tem tudo que um homem tem? Você é o homem da relação com Demonassa?". "Não tenho isso a que você se refere", respondeu ela. "Não preciso de um pau. Você vai ver que tenho meu próprio método, que é muito mais prazeroso."

"Você não é hermafrodita, é? Dizem que são pessoas que têm tanto as partes de um homem quanto as de uma mulher." Juro, Clonário, não sabia ainda o que estava acontecendo. Mas ela disse: "Não, Leena, sou homem dos pés à cabeça".

"Bem", respondi, "um dia Ismenodora, uma flautista da Beócia que costuma me contar histórias, me disse que certa vez uma mulher em Tebas virou homem. Seu nome era Tirésias, um ótimo profeta. Você também passou por algo assim?"

"Não, Leena. Nasci mulher, assim como vocês todas, mas penso e desejo como um homem."

"E esses desejos são suficientes para você?", perguntei.

"Se você não acredita em mim", respondeu Megila, "posso provar. Apenas me dê uma chance, e vai ver que sou tão boa quanto qualquer homem. Tenho um brinquedo que se parece com o equipamento de um homem. Só uma chance, e você vai entender."

E, bem, eu dei uma chance, mas apenas porque ela implorou muito e me presenteou com um lindo colar e um vestido de linho finíssimo. Então eu a abracei como se fosse um homem, e ela me beijou profundamente, ofegando enquanto agia, e gemendo de prazer.

CLONÁRIO: E o que ela fez? Como é que aconteceu? Quero saber tudo, Leena!

LEENA: Chega, tenho vergonha dos detalhes, não me pergunte! Por Afrodite, não direi mais nenhuma palavra sobre esse assunto.

ARISTÓFANES SOBRE O AMOR

PLATÃO, *O BANQUETE*

O banquete (cerca de 385-370 a.C.), de Platão, nos oferece um dos mitos mais duradouros sobre as origens do amor. O livro em si apresenta vários discursos, proferidos por cada um dos homens ilustres no banquete. Além de Sócrates, encontram-se presentes o advogado Pausânias e o médico Eriximaco, além de Aristófanes, dramaturgo que escreve comédias. Este sucumbe a uma crise de soluço durante um momento dos discursos, mas por fim consegue se fazer ouvir na conversa. Em sua fala, formula um mito de criação para tentar explicar por que temos a sensação de inteireza quando encontramos nosso amor, ou nossa "cara-metade". É uma percepção brilhante e inesquecível, que parte do bizarro e do grotesco para chegar a uma teoria de devoção e unidade.

Primeiro, é preciso aprender sobre a natureza humana e sua história. Em tempos remotos, nossa natureza não era a mesma da atualidade. A princípio, não havia apenas dois sexos, como hoje, mas três. Além do homem e da mulher, havia um terceiro com características de ambos. Esse terceiro sexo era andrógino, tanto em sua forma quanto em sua natureza, e apenas nos lembramos de seu nome, frequentemente usado como ofensa.

E preciso contar-lhes mais uma coisa. Todo ser humano era redondo, suas costas e seus lados formavam um círculo. O humano tinha quatro braços e quatro pernas, dois rostos, ambos idênticos, em cada lado de um pescoço cilíndrico. Os rostos se viravam para direções opostas entre si. O humano tinha quatro ouvidos e duas genitálias, e o resto vocês podem imaginar. Andavam eretos, como fazemos hoje. Quando corriam com os oito membros, eram velozes, e davam cambalhotas, fazendo estrelas e acrobacias.

Esses três sexos tinham uma razão de existir. A figura parental de origem do homem era o sol e a da mulher era a terra, já a lua era a do terceiro sexo, pois combinava em si o sol e a terra. Esses humanos eram redondos e se moviam de modo circular, porque assim aprenderam com seus progenitores. A prole do sol, da terra e da lua era de uma força formidável e, como seus pensamentos eram ambiciosos, começaram a conspirar contra os deuses. Segundo Homero, Efialtes e Otes, sabemos que humanos tentaram irromper pelos portões do Céu e depor os deuses.

Zeus e os outros habitantes do Olimpo se reuniram para debater um plano de ação. Ninguém conseguia decidir qual era o melhor caminho. Não podiam matar os humanos como haviam feito com os gigantes, raça que dizimaram com raios. Afinal, os humanos tinham feito oferendas e sacrifícios para os deuses e, se os matassem, as honrarias também desapareceriam. No entanto, os deuses não poderiam deixar passar os modos ofensivos dos humanos.

Então, depois de muito pensar, Zeus teve uma ideia. "Acho que tenho um plano", disse ele. "Há uma forma de enfraquecer os humanos. Eles poderiam continuar existindo, mas não teriam forças para levar a afronta adiante. Meu plano é cortar cada um pela metade. Pensem nisso. Dessa forma, ficarão mais fracos e, além disso, serão mais úteis, porque teremos o dobro deles. Ainda continuarão andando eretos sobre duas pernas, então isso não será um problema. E, se continuarem se comportando mal, vou cortá-los pela metade de novo e observarei como pulam para lá e para cá com a perna restante."

Os deuses acharam que valia a pena tentar, então Zeus pôs mãos à obra. Cortou os humanos em dois, assim como se parte uma maçã pela metade ou como se divide um ovo pelo meio com um fio. Depois pediu que Apolo separasse o pescoço dos humanos e virasse seus rostos na direção da ferida, como forma de repreensão, pois assim toda pessoa teria que olhar para o lugar em que havia sido cindida. Apolo curou as outras feridas: juntou toda a pele ao redor do longo corte de cada pessoa, lugar que hoje chamamos de torso, da mesma forma como se fecha uma bolsa com um cordão, deixando uma única abertura enrugada no centro, que atualmente chamamos de umbigo. Modelou o resto da pele com uma ferramenta parecida com aquela que sapateiros usam para amaciar o couro, mas deixou as rugas do umbigo como um lembrete desse sofrimento ancestral.

Como a natureza dos humanos estava dividida em dois, passou a existir o desejo por parte deles de encontrar sua outra metade. Os deuses os viam se abraçar, se enroscar, desejosos de se misturar entre si e formar um único ser vivo. Esses novos humanos começaram a morrer de fome e de depressão, porque nenhum queria viver sem o outro, nem fazer o que fosse por conta própria. Toda vez que uma metade do todo original morria, a outra saía em busca de outro alguém para se enlaçar. Às vezes encontrava outra metade fêmea (a metade que hoje chamamos de "uma mulher"), às vezes era metade macho. De toda forma, as pessoas continuavam a perecer.

Ao observá-los, Zeus se apiedou; era hora de realizar alguma mudança no plano. Então, criou uma versão modificada dos humanos, deslocando os genitais para a frente dos corpos. Antes disso as pessoas precisavam procriar no chão, depositando seus ovos na terra úmida, assim como fazem os gafanhotos. Com a nova forma, podiam usar o calor do próprio corpo. Se metade macho encontrasse metade fêmea, seu envolvimento poderia gerar crianças. E se um homem encontrasse outro homem, ao menos teriam o prazer de poder entrar um no outro, aliviando-se de tal forma que teriam como voltar a trabalhar ou a pensar na vida. O amor entre os seres humanos foi costurado assim: receberam o

direito inato ao desejo e uma forma de satisfazê-lo no corpo de outra pessoa. Eros, sabe, tentou juntar as antigas naturezas, formando uma integridade a partir de duas metades. Dessa forma, a velha divisão seria curada.

Portanto, cada um de nós é apenas metade de um ser humano — fomos cortados ao meio como linguados e estamos à procura de nossa cara-metade. Aqueles homens que vieram da cisão do sexo comum, os andróginos, desejam mulheres e frequentemente são adúlteros. Da mesma forma, as mulheres que vêm desse sexo se atraem por homens e também são adúlteras. Aqueles que vieram de um homem original buscam outros homens, porque são suas metades, e desde jovens desejam se deitar e se envolver com homens. Essas pessoas são as mais masculinas e mais ilustres por natureza. Há quem diga que não têm vergonha, mas essa é uma opinião equivocada: eles não buscam outros homens por falta de pudor, mas por ousadia, coragem e virtude masculina. Eles se unem com seus semelhantes e com quem compartilham qualidades. Eis uma prova: esses homens costumam entrar para a vida política quando amadurecem. Quando se tornam adultos, amam rapazes. Sua natureza lhes diz para ignorar o casamento ou o costume de gerar filhos, exceto quando são forçados a isso. Vivem felizes como solteiros e apreciam a convivência entre si. Esse tipo é um amante total dos rapazes, sempre em busca de pares afins.

Quando um amante de rapazes, ou qualquer outro tipo de pessoa, encontra sua metade, surge uma amizade, um companheirismo e um desejo tão intensos que eles mal conseguem ficar longe um do outro, nem que seja por um breve período. São essas as pessoas que vão viver a vida juntas. Mal conseguem dizer o que querem para si quando a outra se encontra ausente. É um erro achar que esses casais se amam exclusivamente por causa do sexo: suas almas cantam e desejam algo para além das palavras, como um oráculo sagrado.

Imagine se Hefesto aparecesse com suas ferramentas diante dessas pessoas, deitadas juntas, e perguntasse: "O que vocês querem uma da outra?". E digamos que elas ficassem perplexas com a pergunta, e Hefesto continuasse: "É o desejo de vocês estar no mesmo lugar que o outro e nunca ir embora, seja noite ou dia? Se assim for, posso fundi-los, soldando-os para que se tornem um só. Vocês poderão compartilhar uma vida em comum enquanto viverem e, quando morrerem, chegarão à terra dos mortos como um só, para dividir uma morte em comum. É isso o que desejam?".

Sabemos que quem ama jamais recusaria essa proposta ou desejaria algo além disso. Qualquer pessoa que ama, ao escutar essas palavras, pensaria se tratar exatamente daquilo que sempre desejou. A razão é aquela que disse antes: éramos uma integridade em nossa natureza ancestral. Ou seja, Eros é um outro nome para a busca pela inteireza. Assim como os deuses nos dividiram por causa de nossos crimes, os espartanos separaram os árcades. Tememos que os deuses nos dividam de novo se escolhermos uma vida de caos em detrimento da harmonia. Temos medo de viver no mundo como as figuras entalhadas em lápides, cortadas pela metade segundo a linha do nariz. Receamos nascer como dados partidos.

Para escaparmos desse destino, deveríamos nos incentivar a adorar os deuses e seguir o Amor como nosso guia e líder. Ninguém deveria se opor ao Amor. Os deuses desprezam quem se comporta assim. Encontraremos nossos amados apenas se nos tornarmos amigos dos deuses, se nós nos reconciliarmos com eles.

Silêncio, Erixímaco. Não me interrompa nem ria do que estou dizendo. Não me dirijo apenas a Pausânias e Agatão. É verdade que talvez me refira ao tipo deles, ambos masculinos por natureza — mas o que estou falando se aplica a todos, à humanidade como um todo. Seremos felizes se deixarmos o Amor chegar ao fim de sua jornada, quando cada um de nós poderá encontrar seu amado e recuperar sua natureza original.

Se isso for o melhor que se apresenta para nós, então convém incentivar todas as pessoas a encontrar suas amadas, aquelas que mais se assemelham a elas em pensamentos e em caráter. Devemos cantar louvores para Eros, o responsável por nos apresentar e aproximar hoje do que é propriamente nosso. Eros, ou Amor, é quem nos traz nossa maior esperança e promete nos devolver a nosso estado original, nos curar, nos abençoar e nos trazer uma felicidade perfeita.

JACINTO & APOLO

OVÍDIO, *METAMORFOSES*

Metamorfoses, de Ovídio, é um dos poemas de maior influência na cultura ocidental. O poeta narra mais de duzentos e cinquenta mitos ao longo de quinze livros. O tema principal, como nos conta em seu verso de abertura, é como os corpos mudam de uma forma para outra. Em momentos de aflição ou de perigo, as personagens humanas são frequentemente transformadas em outros elementos da natureza: árvores, pássaros, nascentes e constelações.

Jacinto, o herói e amante de Apolo, deus do sol, é mais um belo mortal da mitologia grega. Apolo estava tão fascinado por Jacinto que chegou a abandonar seu santuário em Delfos para descer à terra e juntar-se a ele, ensinando-o a tocar lira e a atirar flechas. Como Ovídio sinaliza na abertura do fragmento, o destino de Jacinto poderia ter sido semelhante ao de Ganimedes se um brutal infortúnio não tivesse acontecido. Em alguns relatos, Zéfiro (o vento do oeste) também está apaixonado por Jacinto e sente tantos ciúmes de Apolo que sopra o disco do deus, desviando-o de sua rota para matar o jovem. Na versão de Ovídio, a morte de Jacinto é representada como um acidente, uma fatalidade trágica, e reverbera ainda mais por esse motivo, pois tais deslizes do destino podem furtar a felicidade dos amantes, a promessa de uma vida juntos. A cena a seguir é cheia de um desespero comovente, na qual até o deus Apolo busca consolo na imagem das flores como uma forma de renascimento e vida eterna.

Você também poderia ter sido elevado
aos céus, Jacinto, se não fosse pelas Parcas —
mas você também é imortal, de certa forma. Quando
o inverno partir e a primavera chegar, e Áries

tomar o lugar de Peixes, você florescerá novamente
na grama nova. Meu pai, Apolo, não amou
ninguém tão profundamente quanto a ti.
Ele abandonou seu santuário em Delfos, o âmago da terra,
e passou a frequentar a cidade de Esparta, perto
do fluir do rio. Abriu mão das flechas
e da lira, esqueceu-se de todas as coisas que antes
lhe traziam alegria para carregar
as redes de Jacinto e segurar a coleira de seus cães,
seguindo a seu lado, como um companheiro, pelas montanhas
íngremes e hostis. Cada hora que passavam juntos
alimentava seu amor. Certa vez, quando o Titã
estava entre a noite exilada e a que chegava,
Apolo e Jacinto se despiram, ungiram-se com óleos
e desafiaram-se no lançamento de disco.
Primeiro, Apolo: ele balanceou bem o objeto
e o arremessou pelo ar, partindo
uma nuvem branca com o ferro pesado.
O lançamento foi de tamanha força e habilidade
que o disco levou muito tempo para voltar à terra.
Jacinto, sem pensar, apressou-se
para buscá-lo, mas foi cedo demais:
o disco desceu de vez contra a dureza do chão
e ricocheteou com força, atingindo seu rosto.
Ah, Apolo ficou pálido como a morte, pálido
como seu belo rapaz, que ele segurou nos braços
assim que caiu. O deus ergueu o corpo encolhido com cuidado,
segurando-o junto a si. Desesperadamente, tentou aquecer o rapaz,
desesperadamente, tentou estancar o sangue
e encontrar alguma erva de cura, mas a ferida
já não podia mais ser remediada. Como uma violeta

ou uma papoula partida em um jardim, cuja flor pesada
olha apenas para o chão, encurvada, assim pendia
o rosto do rapaz: sua cabeça baixou e, então, caiu
sobre o ombro. "Você está desaparecendo,
Jacinto", lamentava o deus. "Vejo sua ferida
e minha própria culpa. Em sua morte, você se transformou
em minha tristeza e vergonha. Minha mão
o matou e o mundo saberá disso.
Mas só estávamos brincando, só estávamos
nos amando. Há culpa nisso?
Escute, Jacinto. Deixe-me morrer em seu lugar,
ou a seu lado. Se isso é a morte, deixe-me
estancá-la, deixe-me impedi-la: você seguirá
em meu coração, sua lembrança em minha boca, seus ecos
em músicas, as notas de seu nome
na lira que toco. Como uma nova flor que registra
os elementos, entalharei sua vida nas pétalas."
Enquanto Apolo falava, o sangue derramado
de Jacinto que escurecia a grama
afinal floresceu, tomando a forma de um lírio
mais brilhante que a cor da púrpura tíria. Mas isso não bastava:
Apolo observou esse milagre acontecer e seu lamento
enlutado ficou marcado na flor, as letras do choro
do deus compuseram o padrão de seu desenho.
A cidade de Esparta nunca sentiu vergonha
de seu filho Jacinto, e sua beleza perdura até hoje,
retornando todo ano para ser celebrada
pela multidão e com um festival solene.

ESCRITO NAS ESTRELAS

OVÍDIO, *FASTOS*

Fastos, de Ovídio, às vezes traduzido como *O livro dos dias*, é um poema incompleto que percorre o primeiro semestre do calendário romano. Cada livro abrange o período de um mês, começando em janeiro e indo até junho, com uma variedade de mitos e lendas que ilustram as origens dos feriados e hábitos romanos. O breve poema a seguir, tomado do terceiro livro, conta a história de Ampelo, um dos amados de Baco — aqui chamado de Liber, a forma romanizada da divindade grega —, que caiu enquanto colhia uvas e morreu. Diante da queda de Ampelo, Liber imortaliza o rapaz nas estrelas, dispondo-as na configuração de um vindimeiro, um apanhador de uvas.

Quando, no quinto amanhecer, a Aurora
começa a gotejar o orvalho de suas bochechas
de açafrão, a constelação afundará para
além da vista. Mas não acontecerá o mesmo
com o Vindimeiro. Há uma história
por trás do desenho cintilante de suas estrelas.
Dizem que Ampelo — o filho de uma ninfa
e de um sátiro — foi amado por Liber,
que o adorava nas colinas de Ísmaro.
O deus presenteou o rapaz com uma videira
que pendia dos altos ramos de um olmo, e seu
nome ainda hoje é o mesmo do jovem.
Um dia, enquanto colhia as uvas maduras
do galho, tão reluzentes, Ampelo perdeu o equilíbrio
e caiu aos gritos — mas Liber
o segurou e o levou até a altura das estrelas.

AQUILES & PÁTROCLO

HOMERO, *ILÍADA*

Aquiles e Pátroclo são dois guerreiros centrais na história da guerra troiana. Se Aquiles costuma ser ferrenho e rígido com seus companheiros de combate, com Pátroclo é gentil e carinhoso, e os dois dormem na mesma tenda. Por mais que os escritores cristãos tenham suprimido os aspectos românticos e sexuais do relacionamento desses guerreiros, escritores clássicos como Ésquilo e Platão se referiam aos dois de forma explícita e sincera, compreendendo-os como amantes.

Depois do assassinato de Pátroclo, Aquiles liderou os mirmidões durante seu luto. Eles conduziram os cavalos ao redor do corpo dele, molhando de lágrimas a armadura do guerreiro e toda a areia ao redor com seu lamento. O cadáver de Heitor, o grande antagonista de Aquiles e assassino de Pátroclo, foi arrastado e profanado com raiva, lançado de cara no chão, ao lado do suporte fúnebre de Pátroclo. Então Aquiles começou o banquete e sacrificou tantos bois e cabras que o sangue se acumulou ao redor do corpo, formando uma poça tão funda que era possível mergulhar uma taça nela.

Aquiles, ainda de luto, foi convidado para jantar com Agamenon. "Em nome de Zeus", respondeu ele, "não lavarei o sangue de meu rosto e de meus braços antes de levar Pátroclo à pira e raspar meu cabelo. Podemos nos alimentar primeiro, mas no amanhecer coletaremos madeira para que Pátroclo possa realizar sua jornada no além-mundo." Depois da refeição, o grupo se recolheu para descansar, mas Aquiles ficou por ali, suspirando e lamentando enquanto as ondas ecoavam e quebravam na praia...

O belo corpo de Aquiles estava exausto.
Ele havia caçado Heitor por todo o caminho até Ílion —
onde as rajadas de vento o agrediram —

e ali, junto ao eco do mar, envolvido pelo
abraço do sono havia pouco tempo,
ele viu um fantasma. Seria Pátroclo?
Parecia o mesmo, falava da mesma forma —
até a sua postura, as roupas que usava,
seu olhar, tudo parecia real, como ele realmente era.
"Você está dormindo, Aquiles", disse o fantasma,
inclinando-se gentilmente sobre ele.
"Então você deve ter se esquecido de mim.
Você nunca se esquecia quando eu estava a seu lado."
"Por favor", disse o fantasma, chorando. "Não posso
atravessar os portões do Hades sem um funeral. Os espectros
impedem minha travessia, não permitem que eu me junte
a eles do outro lado do rio e me deixam vagando sozinho
por salas e corredores frios. Me dê
sua mão, Aquiles, me segure firme.
Assim que meu corpo for queimado, não terei como
voltar para você. Esta é a última vez que
poderemos nos sentar e conversar longe dos outros,
como fazíamos antes — apenas eu e você.
Vim pedir uma coisa. Quando você morrer —
e você morrerá sob os muros de Troia —,
que sejamos enterrados juntos, que nos tornemos um só,
como fazíamos quando éramos rapazes.
Que a urna que sua mãe lhe deu nos guarde juntos,
ossos e cinzas no mesmo lugar."
E Aquiles olhou para ele, cheio de dor
e confusão. "Pátroclo, meu amor,
farei tudo que você pedir. Mas se aproxime,
venha aqui comigo. Mesmo que só por um momento,
vamos nos abraçar, vamos nos reconfortar

uma última vez." Aquiles tentou alcançar
Pátroclo, estendendo as mãos
até o espírito, mas, quando o abraçou,
não havia nada — apenas ar e fumaça —
e Pátroclo tinha desaparecido, e Aquiles abraçava
apenas a si. Então ele chorou amargo, golpeando
o próprio corpo. Por fim, exausto,
quando o amanhecer subia rosa por trás das ondas,
ele se consolou, dizendo: "Pelo menos agora sei
que algo sobrevive nos salões do Hades —
um fantasma, algo semelhante a nós continua vivo.
Nesta noite, companheiros, Pátroclo esteve aqui. Eu o vi.
Escutei sua voz, que me guiava. Senti, mais uma vez,
a linda sombra dele à minha frente".

Assim falou Aquiles, e suas palavras fizeram todos os homens
caírem em prantos, e o amanhecer de dedos róseos
os encontrou chorando ao redor do morto.

O BATALHÃO SAGRADO

PLUTARCO, *VIDAS PARALELAS*, "PELÓPIDAS"

Plutarco, um filósofo, historiador e biógrafo grego, escreveu uma longa série de biografias a respeito de homens ilustres. A obra recebeu o título de *Vidas paralelas* por dispor as histórias aos pares, de forma que uma vida romana aparece ao lado de uma vida grega, comparando suas virtudes e seus vícios. Aqui, em sua versão da vida de Pelópidas, um importante político tebano, Plutarco escreve sobre um "batalhão sagrado" — um regimento composto de cento e cinquenta casais, os amantes e seus amados. Esse exército constituía a força de elite de Tebas e venceu inúmeras batalhas, tornando-se famoso por sua eficácia e ferocidade.

As reverberações desse trecho na história *queer* são inúmeras e excitantes. Avancemos até 1990, quando uma filial nova-iorquina do ACT UP, grupo de base que militava pelo fim da pandemia de aids através de ações diretas, distribuía um panfleto que dizia "QUEERS, LEIAM ISTO!". Em letras garrafais, ecoava a história do "batalhão sagrado". O texto dizia: "Um Exército de Amantes Jamais Será Vencido: somos um mundo de possibilidades infinitas. Somos um exército porque precisamos ser. Somos um exército porque temos tanto poder. (Temos tanto pelo que lutar; somos a espécie ameaçada mais preciosa.) E somos um exército de amantes porque somos nós que sabemos o que é o amor. Assim como o desejo e o prazer. Nós os inventamos. Saímos do armário, enfrentamos o repúdio da sociedade, enfrentamos os pelotões de fuzilamento, apenas para nos amarmos".

Dizem que foi Górgidas quem fundou o Batalhão Sagrado. Trezentos homens foram escolhidos — passaram por treinamento e conviveram na Cadmeia. É por isso que foram chamados de regimento da cidade. Segundo alguns relatos, a tropa era composta de amantes e seus amados, cento e cinquenta casais de homens. Uma piada antiga conta que Nestor prestou pouquíssima atenção à tática quando ordenou aos gregos que organizassem seus soldados por clãs e tribos. Supõe-se que o raciocínio era de que os membros dos clãs ficariam ombro a ombro, e os das tribos fariam o mesmo. Mas, de acordo com a piada, em vez disso, Nestor deveria ter organizado o exército em grupos de amantes.

Pois, quando o perigo se aproxima, tribos e clãs podem se voltar uns contra os outros e deixar os feridos para trás. Mas um batalhão unido pelo amor, que não pode ser rompido nem dissolvido, também não se rompe nem se dissolve. Quando o perigo se aproxima, um exército de amantes permanece firme. O amante protege seu amado; o amado protege seu amante.

Uma história conta que um homem, ferido e prostrado, diante do inimigo prestes a matá-lo, implorou que o algoz atravessasse seu peito com a lâmina. Dessa forma, seu amado não teria que vê-lo morrer e não teria que sentir vergonha de seu ferimento. Como Platão descreve um amante como um amigo "inspirado pelos deuses", fazia todo sentido que a tropa fosse chamada de "sagrada".

O Batalhão Sagrado permaneceu invicto até a Batalha de Queroneia. Quando o rei Filipe da Macedônia caminhou por entre os corpos ao fim do conflito, foi até o lugar onde trezentos soldados mortos estavam empilhados uns em cima dos outros, ainda com as armaduras. O rei permaneceu entre eles, pasmo, e, quando soube que o Batalhão era um exército de amantes, chorou e bradou uma maldição contra qualquer pessoa que achasse que aqueles homens tinham cometido atos vergonhosos ou que tivessem sido alvo de ações vergonhosas.

SÓCRATES SOBRE O AMOR

XENOFONTE, *SIMPÓSIO*

Simpósio, de Xenofonte, escrito em torno de 360 a.C., é um diálogo socrático. Essa forma de escrita, um gênero estabelecido e popular, consiste em um debate entre várias pessoas — com frequência reais — a respeito de temas filosóficos. A conversa tem o objetivo de destrinchar e analisar os pressupostos de várias ideias. Neste trecho da obra de Xenofonte, Sócrates e alguns amigos estão em um jantar e discutem assuntos importantes. Cálias é o anfitrião, e o jantar é dedicado a Autólico, por quem Cálias está apaixonado. Ao fim do entretenimento, Sócrates se levanta e começa a falar sobre o Amor. Obviamente há álcool envolvido, e às vezes Sócrates é interrompido, outras vezes é ele quem interrompe. No entanto, em seu discurso geral sobre o Amor e suas qualidades, torna-se evidente que Sócrates, na realidade, está tentando ajudar Cálias em sua conquista de Autólico, oferecendo conselhos e agindo como se fosse um casamenteiro.

Assim que o siracusano foi embora, banhando-se no som dos aplausos, Sócrates embarcou em um novo assunto.

"Meus caros", disse ele, "estamos na presença de um grande deus — tão eterno e antigo quanto qualquer outro, mas também novo e jovial. Sabem de quem estou falando? Esse deus abarca tudo, infunde-se em tudo, e encontra seu lar, seu santuário divino, no coração humano. Obviamente estou falando do Amor. Dado que aqui nós somos seus seguidores, não lhes parece correto que prestemos atenção no Amor e falemos sobre ele hoje? De minha parte, não consigo me lembrar de um momento sequer em que não estivesse apaixonado por alguém, e sei que você, Cármides, foi amado por muitas pessoas, e seu coração se incendiou mais de uma vez. E você, Critobulo, nunca foi admirado? Não continua a se apaixonar até hoje? Nicérato, você também — sei que está apaixonado por sua esposa e que seu amor é totalmente correspondido. Quanto a você, Hermógenes, nós podemos ver que um ideal o consome, que definha por um senso de beleza e virtude. Olhem-no: vejam como franze as sobrancelhas, como seus olhos são calmos, como sua fala é ponderada e comedida, como ele é gentil e generoso. Por mais que ame os deuses e aprecie suas bênçãos, ele não rejeita seus amigos na Terra. Antístenes, você é o único que não está apaixonado?"

"Não é verdade!", respondeu Antístenes. "Pois não estou apaixonado por você, Sócrates? Loucamente apaixonado!"

Sócrates riu, com ironia, fingindo timidez e vaidade. "Sossegue, não me importune agora. Não percebe que estou ocupado?"

"Deuses, você não esconde nada", disse Antístenes. "Está sempre se esquivando de mim ou fazendo piadas. Metade das vezes, usa os deuses como uma desculpa para não falar comigo, e na outra age desse modo porque está interessado em outra pessoa."

"Por Zeus, Antístenes, guarde as garras. Posso lidar com seu humor amuado ou com suas ofensas, mas isso não. Vamos estabelecer um limite. Você me deseja por meu corpo, mas eu sou Sócrates e tenho uma bela mente também!

"Perdoem-me pela interrupção. Onde eu estava? Ah, sim, você, Cálias. Todo mundo na cidade sabe que você está apaixonado por Autólico. Na verdade, acho que essa notícia também cruzou os mares, graças ao renome de seus pais e ao fato de vocês serem homens importantes. Sempre admirei seu caráter, Cálias, mas agora o admiro ainda mais. Posso ver que Autólico não é um homem mimado nem foi arruinado pela afeminação. Qualquer um pode ver como ele é forte, corajoso e disciplinado, e isso também é uma prova de seu amor, pois mostra que você se atrai pelas qualidades corretas em um homem.

"Bem, se há um Amor ou dois, 'celestial' ou 'banal', não sei. Até Zeus possui vários nomes e títulos, embora seja o mesmo deus. O que sei é que existem muitos altares e santuários diferentes, e que os ritos daqueles que seguem o Amor Banal são mais descuidados que os ritos puros dos devotos do Celestial. Podemos supor que quem se inspira no Amor Banal tem sentimentos mais carnais, e o Amor Celestial inspira a atração pelas mentes, pelas amizades e pela nobreza de caráter. Acredito que esse amor, o Celestial, é o que o inspira, Cálias — não há nada vulgar em Autólico, e eu vejo isso, sempre que estão juntos, você convida o pai dele também, sabendo que não há nada entre os dois que seja motivo de vergonha ou de encobrimento."

"Sócrates", disse Hermógenes, "o que mais admiro em você, e há muito o que admirar, é que, ao mesmo tempo que você elogia Cálias, também lhe ensina valores."

"É o que tento fazer", respondeu Sócrates. "E espero que isso se some ao seu prazer de viver, sabendo que o amor pela mente é superior ao amor físico. Afinal, sem afetividade, nenhuma conversa vale a pena.

"Bem, parece-me que aqueles que se inspiram no Amor Celestial e que admiram a mente de quem amam costumam experimentar o amor como um prazer; mas aqueles cujos desejos são apenas físicos tendem a criticar o caráter de seus amados. Mesmo que amem tanto a mente quanto o corpo, a passagem do tempo é inescapável e logo a juventude desaparece, em geral junto do amor pelo corpo que se esvai;

mas a mente apenas se torna mais sábia com o tempo, de modo que o amor por ela também aumenta. Além disso, quando satisfazemos o amor físico, não o desejamos mais. Mas o amor pela alma, se é puro, dificilmente acaba. Isso não quer dizer que Afrodite devote menos estima a esse amor; pelo contrário, ela atende às nossas orações e nos torna ainda mais encantadores por causa delas.

"Bem, não preciso dizer que uma alma verdejante e em flor, uma alma revigorada com reverência e autoridade, sente uma afeição imensa pelo objeto de seu amor; mas afirmo que é natural que o amor de tal alma seja correspondido. Pois quem não gostaria de uma pessoa que é o próprio exemplo da bondade e que, é nítido, se importa mais com a honra do amado do que com o próprio prazer? E quem não se deixaria encantar por um amor que é inalterável, imutável mesmo diante das doenças e do envelhecimento do corpo do amado? Afinal, aqueles que se amam profundamente devem se encarar com amor; devem conversar entre si com amor; devem confiar e ser pessoas de confiança; devem dividir as tristezas e alegrias; e se algum deles adoecer, o outro deve lhe fazer companhia e cuidar; e ambos devem se importar ainda mais um com o outro quando estão distantes. É esse tipo de amor, esse tipo de devoção, que perdura por toda uma vida.

"Mas por que um rapaz corresponderia ao afeto de um amante que apenas o admira por sua aparência? Tal amante toma para si toda gratificação e deixa a vergonha para o outro. Seu amor isola o rapaz da família e das amizades, e o que o outro recebe em troca? Se tal amante apelar para a persuasão, é ainda pior. Um amante que se vale da força mostra-se violento, mas aquele que recorre à persuasão e aos elogios arruína a reputação de qualquer rapaz que ceder a seus gestos. Não haverá nenhum prazer no sexo para o rapaz, ainda que pudesse haver algum para uma mulher. Quando se faz amor com um rapaz, é como se este fosse uma pessoa sóbria diante de um bêbado. Ou seja, não é nenhuma surpresa que o rapaz venha a odiar um amante assim. Mas, se o amante estiver sob a orientação do Amor Celestial e amar tanto a mente quanto o caráter do rapaz, pode-se esperar bons desdobramentos.

"E agora deixarei de falar sobre o amado para comentar um pouco os efeitos desse tipo de amor no amante em si. O amor que se destina apenas ao corpo faz com que o amante se torne servil. Afinal, educadores merecem ser honrados, como Quíron e Fênix foram prestigiados por Aquiles; mas a pessoa que o deseja apenas por seu corpo, perseguindo-o de forma irritante para implorar beijos ou um breve encontro, é uma espécie de parasita.

"Não estranhe que eu esteja falando com tanta liberdade hoje. Devo isso a algumas taças de vinho, que me deixam mais solto, e também ao Amor, meu amigo constante, e sinto a necessidade de orientá-los a ter cuidado com seu adversário. Parece-me que um homem que deseja apenas o corpo de seu amado é como alguém que arrendou uma terra. Ele não deseja valorizá-la, mas extrair tudo que puder do solo. Seus olhos estão sempre na colheita. Mas um homem que deseja o afeto do amado é como o proprietário da própria terra: usa tudo a seu alcance e dispor para aumentar o valor de seu amado. Além disso, um amado que sabe ser apenas valorizado por sua beleza exterior não vai buscar se aprimorar em outros sentidos; mas, se souber que não poderá manter seu amante se não se tornar mais sábio e virtuoso, se esforçará em prol dessas qualidades. O amante também deve se tornar mais virtuoso, pois assim pode guiar através do próprio exemplo.

"Se observarmos nossos mitos, Cálias, podemos ver que até os deuses e semideuses valorizavam mais o amor pela mente do que o desejo físico. Zeus amou muitos mortais, mas, quando já estava satisfeito, imortalizou apenas aqueles que amou por suas mentes. Por exemplo, Héracles e os Dióscuros. E diria que até o belo Ganimedes, famoso por sua beleza, foi amado por sua mente, o que teria motivado Zeus a levá-lo ao Olimpo. E — você está me ouvindo, Nicérato? —, segundo Homero, Aquiles vingou Pátroclo não só por sua beleza, mas por ser seu amigo, e ambos sentiam um imenso carinho um pelo outro. Pode-se dizer o mesmo de Orestes e Pílades, assim como de Teseu e Pirítoo e muitos outros exímios heróis, cujos feitos grandiosos não foram inspirados pelo fato de se deitarem juntos, mas pelo amor recíproco.

"O mesmo se aplica aos grandes feitos de nossa época, realizados por pessoas corajosas em prol da glória e do bem-estar dos outros, não é verdade? Sua valentia vem antes do prazer. Lembre-se de Pausânias, que nos conta sobre um 'batalhão sagrado', e como um exército de amantes é invencível. Há quem não concorde com as alegações de Pausânias — alguns já não admiram a pederastia, e os espartanos acreditam que qualquer desejo sexual corrompe soldados. Mesmo assim, o que se valoriza acima de tudo é a bondade. Você confiaria suas riquezas ou seus filhos a alguém valorizado por sua aparência ou a quem é amado por sua mente?

"Cálias, eu disse tudo isso apenas para expressar algo bem mais simples: agradeça aos deuses por receber o amor por Autólico. É perceptível que ele é um homem de honra, de grande coragem e ambição. Bem, se imaginarmos que ele deseja honra para si e para o próprio pai, assim como a habilidade de ajudar os amigos e fortalecer a honra em suas terras, não seria justo admitir que ele provavelmente amaria um homem que o ajudasse a alcançar tudo isso? Então, se você quer que ele o ame e lhe tenha grande estima, estude, descubra o que auxiliou Temístocles a libertar a Grécia; que sabedoria levou Péricles a ser reconhecido como o conselheiro mais sábio; como Sólon criou as melhores leis para sua cidade; e o que os espartanos fazem para obter a fama de melhores líderes do mundo. Os representantes de Esparta vêm à sua casa e não seria surpresa se você assumisse a posição de líder em suas terras. Você é nobre, um dos melhores sacerdotes nos dias de festivais, e seu corpo é um dos mais belos dentre todos os homens da cidade.

"Se acharem que falo com mais prudência do que seria apropriado em ocasiões em que há tanto vinho para beber, perdoem-me, mas não é de estranhar. Sempre me aliei com a nação em seu amor por homens bons e virtuosos."

Ao fim do discurso de Sócrates, os homens tomaram a deixa para discutir o que ele havia dito, como era o costume, mas Autólico manteve o olhar fixo em Cálias o tempo todo.

O BEIJO DE UM IMPERADOR

PLUTARCO, *VIDAS PARALELAS*, "ALEXANDRE"

Plutarco narra um dos episódios vividos pela infantaria de Alexandre, o Grande, após navegar com sua frota. Os soldados recaíram doentes e famintos, sofrendo com o sol escaldante, ao longo da travessia por territórios hostis. Depois de sessenta dias em condições miseráveis, enfim chegaram a Gedrósia — o nome grego para a região que hoje conhecemos como Macrão, que fica na costa do Golfo de Omã —, onde os príncipes lhes concederam em abundância tudo de que necessitavam.

Bagoas era um eunuco na corte do Império Persa. Segundo o historiador romano Quinto Cúrcio Rufo, Bagoas se tornou o favorito de Alexandre, o Grande, através da prostituição, "fazendo-se de mulher". Em *Vidas paralelas* de Plutarco, Alexandre é representado como caloroso e feroz, mas também um homem com muito autocontrole, especialmente em relação aos "prazeres do corpo". Diante disso, o relato a seguir se mostra ainda mais incomum e tocante, um retorno à festividade e à ternura depois dos perigos de uma expedição.

Depois de descansar, Alexandre e seus soldados partiram para uma viagem de sete dias pela Carmânia, e não levou muito tempo para que a marcha se tornasse uma espécie de bacanal, cheia de dança e bebida. Não se via um escudo ou espada sequer. O sol reluzia na pele, os soldados mergulhavam grandes chifres e taças em barris de vinho, e a terra ao redor reverberava música.

Alexandre banqueteava-se dia e noite, deitando-se com seus companheiros em um estrado carregado por oito cavalos. Alguns seguiam o carro real em carroças enfeitadas com toldos roxos e tecidos bordados. Veículos recebiam a sombra de grandes ramos de folhas verdes, sob as quais despontava um amontoado de soldados, bêbados, com coroas de flores na cabeça.

Os homens caminhavam aos tropeços, atordoados com a bebida e com o sol, e brindavam. Mas a bebedeira não era tudo — havia música estrondosa e muita dança, o movimento bronzeado das peles nuas. Era como se o próprio Baco estivesse presente, guiando o festejo. Quando a tropa chegou ao palácio de Gedrósia, desfaleceram, exaustos, e Alexandre começou a celebrar outro festival.

Um dia, quando estava bêbado, foi assistir a uma competição e viu seu favorito — Bagoas — entre os que dançavam, e foi ele quem venceu. Mais tarde, o dançarino atravessou o teatro, ainda vestindo seu figurino e com a nova coroa, e sentou-se ao lado de Alexandre. A multidão o celebrava e aplaudia, e pediram ao rei que beijasse o vencedor. Por fim, Alexandre concordou; com um sorriso no rosto, envolveu Bagoas em seus braços e beijou-o com ternura.

O MONUMENTO DE UM AMANTE

PAUSÂNIAS, *DESCRIÇÃO DA GRÉCIA*

Neste breve trecho topográfico, o geógrafo e viajante Pausânias chama a atenção do público leitor para uma pequena tumba, um marco, que guarda o corpo de Sóstrato, o amado de Héracles (também conhecido como Hércules, seu equivalente grego). O trecho nos mostra como histórias *queer* foram imortalizadas fisicamente na Antiguidade. No entanto, há algo comovente na brevidade deste comentário. O escritor não dá atenção indevida ao herói. Sóstrato não é tokenizado,* como diríamos hoje, mas é lembrado em pé de igualdade com outros marcos — estátuas, rios e templos — das histórias e heróis da região. Sua história é contada sem rodeios; o luto de Héracles é representado como a tristeza de qualquer companheiro por seu amado. A seu modo, essa normalidade é tocante: ela nos mostra quão belo é esse amor comum através da perspectiva do autor e de seu público.

O rio Larissos estabelece a fronteira entre a Acaia e a Élida, e em suas margens se encontra o templo de Atena. Dime, uma cidade da Acaia, situava-se a cerca de trinta estádios do rio. Foi a única cidade aqueia conquistada em guerra por Filipe, o filho de**

* O termo "tokenismo", que circulava no debate racial dos Estados Unidos desde a década de 1950 e ganhou destaque no livro *Por que não podemos esperar*, de Martin Luther King, aponta para ações mínimas — ou até fictícias — em prol da inclusão dos grupos minorizados, mas que não representam mudanças efetivas e muitas vezes homogeneizam identidades complexas. No caso de Sóstrato, os autores sugerem que ele não seria considerado um exemplo excepcional, mas uma parte daquela geografia. [N.T.]

** Unidade de medida da Grécia equivalente a 180 metros. [N.T.]

Demétrio, e que foi saqueada por soldados. Posteriormente, Augusto a anexou a Patras.

Em tempos remotos, o nome da cidade era Paleia, antes que os jônicos o trocassem. Não tenho certeza se Dime derivou do nome de alguma mulher local, ou de Dimas, o filho de Egímio. De todo modo, ninguém deve se deixar enganar pela inscrição na estátua de Ebota em Olímpia. Este, nascido nessa cidade, foi o vencedor de uma grande corrida e o monumento o homenageia por seu feito. As palavras ali inscritas dizem:

Ebota, um aqueu, filho de Enias, venceu uma corrida a pé
e trouxe ainda mais honra para sua terra natal, Paleia

Mas os poetas gregos sempre usavam nomes antigos em vez dos novos, e naquela época a cidade já se chamava Dime, não Paleia.

Como eu dizia, ao chegar à cidade, é possível ver o túmulo de Sóstrato, um de seus habitantes, no lado direito da estrada. Héracles, que o amou em vida, construiu uma tumba para o jovem, cortando uma oferenda do próprio cabelo como símbolo de luto e piedade. Em uma visita ao túmulo, há ainda hoje a figura de Héracles gravada em relevo na placa principal. Disseram-me que os locais ainda fazem sacrifícios para Sóstrato, lembrado como um herói na cidade.

HÉRACLES & HILAS

TEÓCRITO, *IDÍLIOS*

A história de Héracles e Hilas — dois argonautas que acompanharam Jasão em sua missão para roubar o Velo de Ouro — é um dos mitos gregos mais longevos e populares que existem, tanto que consta em inúmeras obras de arte ocidental. A pintura *Hilas e as ninfas* (1896), de John William Waterhouse, mostra uma cena íntima de tentação erótica entre o jovem Hilas e as deidades nuas, recobertas por elódeas e lírios. Na literatura, escritores *queer* como Christopher Marlowe e Oscar Wilde utilizaram essa narrativa como uma imagem arquetípica do luto.

Teócrito conta uma história para Nícias, seu companheiro, neste poema que nos mostra como mitos *queer* se tornam textos centrais para relacionamentos fora do tempo mítico. No "momento" do fragmento, Teócrito e seu amado refletem sobre a história de Héracles e Hilas, de forma que o poema estabelece alguns paralelos possíveis entre eles: a história contada por Teócrito se torna uma espécie de modelo de amor *queer* para ele e seu amado. Assim, não somos o único público da história: Nícias a escuta conosco. A cena trágica do poema curto de Teócrito, na qual Héracles chama Hilas, procurando-o, e o jovem tenta responder embaixo da água, é devastadora em suas duas dimensões. Uma delas é a perspectiva de Héracles; mas, como público leitor, temos a outra, a história vista de cima. Nesta, presenciamos tanto o desespero do amante, que lamenta diante da busca em vão, quanto o amado perdido, fora da vista de seu amor.

Nícias, quando o Amor surge para nós, e não importa de onde brote,
acreditamos que surgiu apenas para nós.
Mas como podemos cogitar isso? O amor aconteceu para outras pessoas,
embelezando tudo para outros olhos que não os nossos.

Afinal, até o corajoso filho de Anfitrião, cujo coração
parecia estar guardado em bronze, poderia protegê-lo
de um leão selvagem, mas não de um rapaz.
Pois ele tinha amado um jovem: o belo Hilas,
com seu longo cabelo de cachos nunca cortados. Ele lhe ensinou
tudo que sabia, assim como um pai ensina ao filho,
mas com gentileza, embora ele mesmo tivesse aprendido
as lições da vida da pior maneira. Estava sempre ao lado de Hilas:
fosse no entardecer ou no amanhecer, quando
os cavalos brancos se sobrepunham à noite,
fosse no momento em que a galinha mãe juntava
sua ninhada para dormir no poleiro sob as nuvens.
Ele foi um exemplo para que Hilas
se tornasse um dos melhores homens.
Pois o herói escolheu o rapaz como seu companheiro
na *Argo*, quando Jasão, filho de Esão, navegou

em busca do Velo de Ouro, convocando
os melhores homens das melhores cidades.
De pronto, a nau abriu caminho pelo mar,
deslizando ilesa pelas águas turbulentas.
Fluía veloz como uma águia pelo calmo golfo de Fásis.

Com a ascensão das Plêiades, quando os sinais
da estação de verão floresciam por toda parte,
o batalhão de homens estava ávido por viajar novamente.
Cada um se posicionou em seu lugar na *Argo*
e eles zarparam para Helesponto. Durante três dias,
os bons ventos os guiaram até ancorarem na Propôntida,
onde avistaram terras férteis, sulcadas em formas
brilhantes e suaves pela ação dos bois.
Desembarcaram pensando em sua refeição da noite,
mas antes fizeram uma cama entre as palhas do campo —
colchões de flores e relva, costurados
com as fibras dos albafores e dos juncos.
Enquanto isso, o loiro Hilas vagava
pelo frescor do crepúsculo, segurando
uma vasilha para levar água até o acampamento,
destinada a Héracles e Télamon. Em pouco tempo ele viu
uma nascente, afundada em uma fenda do vale, repleta
de flores azuis, samambaias e salsa.
Sob a superfície do lago, havia ninfas
dançando e, como as águas, elas nunca descansam. E quando Hilas
se inclinou até a nascente e mergulhou a boca
do jarro na beira da água, as mãos das ninfas
o agarraram. Elas o tomaram pela cintura, a clareza
de seus pensamentos perturbada e abalada
pelo desejo repentino. Hilas pediu socorro

enquanto afundava nas águas.
Como uma estrela consumindo-se em chamas
lança sua luz através do mar noturno e parece se perder
nele, de modo que o marinheiro talvez diga: "Soltem as cordas,
rapazes; o vento está chegando", assim Hilas,
com a luz de seu cabelo dourado,
afundou nas águas. Ele lutou e gritou,
mas as ninfas disputavam entre si o corpo teso
e falavam palavras gentis em seu ouvido.

Héracles logo começou a ficar preocupado
com a ausência do rapaz, então saiu
em busca dele, carregando seu arco e seu porrete.
O herói chamava Hilas com sua voz grave,
bradando três vezes, e Hilas respondeu do fundo das águas
a cada chamado, desejando desesperadamente ser ouvido.
Como um leão que escuta o balido de um fauno ressoando
pelas colinas e passa a buscá-lo, assim Héracles
andou ferozmente pelas urzes e ervas,
consumido pelo luto. Através dos campos,
através dos bosques, ele se puniu por seu amor,
temendo o próprio fracasso, e qualquer pensamento a respeito
de Jasão e da *Argo* desapareceu. A noite passou
e, com o amanhecer, a nau içou seu moitão,
mas a tripulação aguardou o retorno de Héracles.
O homem, no entanto, corria louco
pelos bosques e vales, ecoando o nome de Hilas.
Agora o loiro rapaz vive entre companhias imortais, sempre reluzente,
e Héracles, como desertor, passou a ser evitado pelos homens.
Mas não foi bem assim: ele finalmente terminou sua jornada,
caminhando sozinho até as desoladoras terras dos Cólquidas.

NÃO ALIMENTE OS CAVALOS

FILÓSTRATO DE LEMNOS, *IMAGENS*

O fragmento a seguir é uma demonstração da violência e da selvageria do heroísmo marcial. O autor descreve o oitavo dos Doze Trabalhos de Héracles, no qual o rei Euristeu lhe requisitou que roubasse as éguas de Diomedes — criaturas selvagens que se alimentavam de carne humana e que estavam acorrentadas por fechos de ferro a uma manjedoura de bronze. Nessa versão da história, Abdero, o companheiro de Héracles, fica responsável pelos animais, que o devoram ainda vivo. Como vingança, Héracles faz com que as éguas devorem Diomedes e as assassina, e então recupera o corpo de Abdero para enterrá-lo. A imagem do herói de luto, carregando o corpo estraçalhado de seu amor, se eleva em meio à matança e carnificina da passagem.

Escute. Não seria justo considerar que as éguas
de Diomedes foram um dos trabalhos de Héracles: ele as derrotara
antes, esmagando-as com sua clava.
Veja como jaz o corpo sanguinolento de uma delas ali; uma outra arqueja
em seus últimos suspiros; outra salta, outra cai.
Estão cheias de calombos, desgrenhadas, e suas crinas se desfizeram.
Reduzidas a bestas selvagens. Suas baias estão cheias de manchas
de sangue e de músculos dos homens de que se alimentaram, enviados
[por Diomedes.
E seu criador? Ainda mais selvagem que os animais abatidos a seu lado.
No entanto, a tarefa era duplamente difícil: Eros trouxe mais desafios
[junto aos outros
trabalhos de Héracles, e isso não é pouca coisa. Pois veja:

Héracles carrega o corpo semidevorado de Abdero,
retorcido pelas bocas dos animais. Ele era tão jovem,
pobre rapaz. Mais jovem que Ífito. Veja como a pele que resta
nos ossos é suave, nova e bela ainda.
As lágrimas de Héracles, o abraço íntimo dos homens,
o luto entalhado no rosto exausto do herói —
quem dera tivesse ocorrido com um outro alguém, quem dera
outra pessoa estivesse sob o monumento da tumba de Abdero.
Ah, deixe-o tomar o nome de outro. Mas nenhum túmulo basta
para Héracles, nenhuma tumba pode conter seu luto, e então,
gentil herói, ele construirá uma cidade para Abdero, seu amor,
chamando-a pelo nome dele. Esportes serão instituídos
em sua homenagem, exceto os equestres, e a cidade
celebrará todas as competições em memória dele.

ÍFIS & IANTE

OVÍDIO, *METAMORFOSES*

Em *Metamorfoses,* de Ovídio, a história de Ífis e Iante vem logo após a de Biblis. A paixão dela pelo irmão gêmeo, Cauno, é frustrada, pois ele a rejeita. E a aflição de Biblis é tanta que ela se transforma em uma nascente. Depois de contar essa história, Ovídio continua no âmbito privado da família na próxima narrativa. Um casal de classe média baixa não tem condições de criar uma menina, então o marido decide que, se a esposa parir uma filha, vão matá-la. A mãe, Teletusa, dá à luz uma menina, Ífis, e a forma de preservar sua vida é criá-la como um menino. A dificuldade surge quando Ífis é prometida em casamento a uma bela moça chamada Iante.

A história de Ífis e Iante aborda o desejo proibido entre duas mulheres, mas de forma pouco celebratória. Pois, quando o amor entre elas se desenrola, a vergonha atormenta Ífis, que não encontra correspondência para seu desejo na natureza. Quem ler com certeza vai se identificar com algumas destas situações: a negação desesperada de Ífis, sua confusão, seu desejo solitário de ser diferente de quem é. No final, a intervenção da deusa Ísis liberta Ífis e sua mãe da vergonha secreta. Em um mundo que se opõe ao seu desejo, essa transfiguração talvez tenha sido misericordiosa, mas é difícil não enxergar uma sugestão sombria nessa história, na qual uma mulher que ama outra mulher precisa se transformar totalmente para se enquadrar.

A história da metamorfose de Biblis poderia ter se espalhado
pelas cidades de Creta se a ilha não tivesse ouvido sobre
outro milagre mais próximo de casa: o alvoroço a respeito da transformação
[de Ífis.

Há muito tempo, na região de Festo e não muito longe de Cnossos,
vivia um homem pouco conhecido. Seu nome era Ligdus,
um homem livre, mas humilde, que não possuía nada além

do que se poderia esperar de alguém com sua origem. No entanto,
era honesto e respeitado. Sua esposa, Teletusa,
estava grávida. Perto da época do parto, Ligdus
pediu-lhe que se sentasse e avisou: "Minhas orações
se resumem a duas questões: primeiro, rezo para que seu parto seja tranquilo
e que você fique bem; segundo, espero que a criança seja um menino.
Não temos como criar uma menina, Teletusa, elas dão trabalho
e não têm força. Então, se (deuses nos livrem) a criança for uma mulher,
precisaremos entregá-la à morte". Ele pediu perdão por verbalizar
seu pensamento, e chorou enquanto falava, e a mãe também,
ambos em igual intensidade. Teletusa implorou ao marido que não a fizesse
se comprometer com aquela oração, mas as palavras dela não adiantavam —
era impossível mudar o que ele pensava. E assim, quando as águas
se moveram, e a criança ficou pesada demais para continuar
dentro dela, a mãe rezou à noite, rezou dentro
de um sonho, e no sonho Ísis veio até ela. A deusa
estava na beira da cama com seus guardas
sagrados ao lado. Ísis tinha chifres sobre as sobrancelhas
que pareciam luas crescentes. Usava na cabeça uma grinalda
de trigo costurada com ouro. Veio com Anúbis, com a cabeça de cão,
Bubástis e Ápis, o touro de couro sarapintado,
e mais outra divindade que erguia o dedo até os lábios, exigindo
silêncio. Osíris também estava presente, com a cobra egípcia,
cheia de veneno soporífero. Teletusa sentia como se estivesse desperta
e via tudo com muita clareza, quando Ísis falou com ela: "Teletusa,
eu vim até você, uma de minhas adoradoras mais devotas. Deixe de lado
suas preocupações e tristezas. Ignore as ordens de seu marido.
Quando a criança nascer, crie-a sem medo,
não importa o sexo dela. Sou a deusa que auxilia
aquelas que clamam a mim. Que nunca se diga que não atendo
às orações de quem adora a mim". Ao terminar sua fala,

Ísis saiu do aposento e Teletusa se levantou da cama,
ergueu as mãos às estrelas em súplica e rezou
para que o sonho fosse real.

Quando a mulher enfim
entrou em trabalho de parto, a criança veio rapidamente, surgindo
no mundo como menina, ainda que o pai não soubesse
desse segredo. A mãe pediu a todos
que cuidassem bem de seu menino, e a ilusão
se manteve, porque apenas a parteira sabia da verdade.
Quando Lidgus, o pai, disse seus votos aos deuses,
ergueu a criança e pronunciou seu nome: Ífis.
Era o nome do avô dele, e a mãe se alegrou
imensamente. Pois veja só, Ífis era um nome comum
tanto para meninos quanto para meninas, de forma que ela podia
usá-lo sem incorrer em mentira. Então a enganação, que começou
com a proteção da mãe, foi mantida.
A criança recebeu roupas de menino e seu rosto
nada delatava: seria lindo
em qualquer corpo.

Trinta anos se passaram e, então,
o pai de Ífis lhe arranjou uma noiva de cabelo loiro, Iante.
Todas as mulheres de Festo elogiavam sua beleza,
e ambas tinham a mesma idade e charme,
além da mesma educação a respeito do mundo
durante a juventude. Então, quando o amor delas surgiu, também
se dava em igualdade: seus corações se incendiavam com o mesmo fogo,
mas suas expectativas não eram iguais. Iante, uma menina adorável,
sonhava com ternura sobre a noite em que se casariam,
e acreditava que esse homem, Ífis, seria seu marido.

Mas o amor de Ífis estava crivado de dúvidas e medos, tornando-se
ainda mais ardente por causa disso, para além da razão —
assim, era como qualquer moça perdidamente apaixonada por outra.
Uma noite, em que mal conseguia conter as lágrimas, ela suspirou:
"Ai, o que sucederá nesta situação toda? O que acontecerá comigo?
Um amor me possui, e não tenho uma linguagem que o expresse, ninguém
falou ou escutou a seu respeito antes. Esse desejo é monstruoso
e incomparável. Se os deuses quisessem me poupar,
já o teriam feito. Ou, se queriam me arruinar,
deveriam ter provocado alguma aflição natural.
Vacas não amam vacas; éguas não amam éguas.
O bode deseja a cabra, e o cervo persegue a corça.
Os pássaros também fazem amor assim. Em todo o mundo animal,
não consigo me lembrar de uma vez em que uma menina foi amada por
[outra.
Ah, deuses, quem me dera não ser mulher! Mas nesta ilha
onde vivo... Creta é o lar de todas as perversões. Produz
todo tipo de coisas monstruosas. Não foi Pasífae quem desejou um touro?
Mas o touro era macho... Não adianta. Minhas paixões são ainda
mais selvagens. Até Pasífae podia esperar algum tipo de satisfação.
Deuses, mesmo que toda engenhosidade do mundo se juntasse aqui,
mesmo que o próprio Dédalo tivesse voltado para Creta com suas asas de cera,
o que ele poderia fazer? Dédalo conseguiria me transformar em um rapaz
com toda a arte do mundo e da história? Poderia transformar você, Iante?"

A moça se conteve. "Pare, Ífis. Tenha coragem.
Afaste esse amor imprudente. Livre-se dele. Lembre-se
de seu corpo: você nasceu mulher. Por acaso enganou a si própria,
como fez com os outros? Precisa seguir a moral, amar
como uma mulher deve amar. Pois veja, é a esperança que mantém o amor vivo,
e seu amor por Iante é desesperado. Não há guardião

entre vocês, nenhum marido ciumento ou pai cruel; e a própria Iante
a ama. Porém você não pode tê-la." Ífis se chacoalhou como forma
de punição. "Todas as minhas orações sempre foram atendidas. O amor
dos deuses me deu o que lhes cabia oferecer. O que desejo,
meu pai também quer; da mesma forma, o desejo do pai de Iante
é o mesmo dela. Mas é a natureza que nos rejeita; a natureza
que se enraíza em mim e provoca minha angústia, pois
o dia do casamento se aproxima, e Iante será minha,
mas também não será. Haverá água por toda parte, e ainda assim
sentirei sede. Ah, Juno, ah, Himeneu — por que presidem
um casamento em que há duas noivas e nenhum noivo?"

Depois de proferir essas palavras, ela ficou em silêncio. Enquanto isso,
[Iante
se encontrava na própria agitação. Também estava rezando,
mas para que Himeneu trouxesse logo as núpcias. O único querer tão
[intenso
quanto o seu era o de Teletusa, mas por oposição, pois a mãe de Ífis,
perturbada com a situação, tentava desesperadamente ganhar tempo,
adiando o casamento com desculpas das mais variadas,
como doenças, agouros e sonhos proféticos ameaçadores.
No entanto, ela tinha usado toda sorte de desculpas,
esgotando todo o acervo. O tempo de acender as tochas
havia chegado. Faltava apenas um dia para o casamento.

Mãe e filha soltaram o cabelo e penduraram-se
no altar de Ísis, seus cachos caíam sobre o rosto.
"Deusa que frequenta Paretônio e o Lago Mareótis,
que permeia Faro e as sete águas do Nilo,
ajude-nos, venha, a hora de nossa necessidade chegou.
Faz muito tempo desde que a vi pela última vez, em um sonho — a reconheci
com todos os seus emblemas e guardas. Ouvi o som dos sistros.
E não guardei suas palavras em minha mente?
Não segui suas instruções? Foi sua bênção, sua sabedoria,
que permitiu que minha criança vivesse, escondendo-nos da ira de meu marido.
Tenha pena de nós, Ísis, de nós duas — ajude-nos agora, pois precisamos de você."
Teletusa chorou intensamente ao rezar. Então algo se mexeu.
O altar da deusa começou a estremecer e balançar.
As portas tremeram nas dobradiças, e os chifres da estátua
de Ísis pareciam projetar feixes de luz. Escute!
Até os sistros, os chocalhos da deusa, começaram a repicar.
A mãe, ainda ansiosa, agarrou-se mentalmente ao agouro.
Saiu do templo, com Ífis a seu lado. Era estranho
como o passo da filha parecia maior agora. E esquisito,
muito mesmo, como suas feições pareciam mais angulosas. Até os cachos
do cabelo, soltos em ondas, estavam mais curtos.
Havia um novo vigor nela... Repentinamente, ela se deu conta:
Ífis, que antes era uma menina, havia se tornado um menino. Ah, Ífis, vá!
Vá e encha os santuários com oferendas! Agradeça.
Mãe e filho correram alegremente para expressar sua felicidade
e colocaram uma tábua votiva no santuário que continha as seguintes
palavras: *Estes presentes foram ofertados por Ífis como homem,*
prometidos quando ainda era uma menina. Então, quando o sol da manhã
desvelou a imensidão do mundo com sua luz, e Vênus,
Juno e Himeneu se reuniram junto às tochas de casamento,
o rapaz Ífis chegou para se casar com sua amada Iante.

O FEITIÇO DE SOFIA

SUPPLEMENTUM MAGICUM

Datado do terceiro ou quarto século d.C. e encontrado no Egito, este "feitiço de amarração" do *Supplementum Magicum* é cheio de desejo e paixão. Escrito em uma tábua de chumbo, o texto demonstra o poder do amor entre mulheres no Egito romano, contendo vários trechos de linguagem mágica intraduzível. Uma mulher chamada Sofia invoca diversas deidades do mundo inferior para inflamar de amor o fígado de outra mulher, Gorgônia, em seu favor. As palavras mágicas — ou *voces magicae* — são ininteligíveis, mas buscam significar o poder do feitiço e os nomes dos demônios conjurados. É um texto inebriante, intenso e dramático; latejando de desejo por poder e dominação, no qual Gorgônia será "submetida" à Sofia. Segundo a pesquisadora Lucy Parr, essa linguagem é comum aos feitiços eróticos da época, nos quais a violência e a padronização rítmica da magia das trevas transbordam. O feitiço começa invocando Cérbero, o cão de três cabeças que vigia os portões do mundo inferior.

Sob o firmamento, nas trevas escuras como breu, ah, Cérbero dos dentes brutais, envolvido pelas serpentes, suas três cabeças se viram. Ah, viajante dos territórios desconhecidos do além-mundo, venha. Venha junto das Fúrias, essas mulheres selvagens que ferroam com seus chicotes e seu cabelo de serpente. Levantem-se, levantem-se, pois eu os invoco. Antes que eu use este encantamento para obrigá-los e persuadi-los, apareçam como um demônio que cospe chamas. Escutem, escutem, e ajam com rapidez: não se oponham a mim. Vocês governam a Terra.

Alalachos allēch Harmachimeneus magimeneus athinembēs astazabathos artazabathos ōkoum phlom Ionchachinachana tu,
Azael e Licael e Beliam e Belenea e *sochosocham somochan sozocham ouzacham bauzacham oueddouch*

Ah, demônio-cadáver, conjurado das profundezas, inflame o coração, o fígado e o espírito de Gorgônia, filha de Nilogênia: que eles se preencham com amor e desejo por Sofia, filha de Isara. Subjugue Gorgônia, contenha-a. Faça com que ela se lance no balneário por Sofia, filha de Isara, e você, demônio-cadáver, transforme-se em uma banhista para atiçar as chamas. Queime-a, incendeie sua alma, atinja seu coração, seu fígado e seu espírito com fogo, e observe como ardem em chamas. Leve Gorgônia, filha de Nilogênia, ao tormento e nunca a liberte: dia após noite, noite após dia, obrigue-a a desejar Sofia, a amá-la, ao longo das ruas e das casas. Que ela se submeta, que entregue todas as suas posses para Sofia, que os deuses comandem!

iartana ousousio ipsenthanchochainchoueoch aeeioyo iartana ousiou- siou ipsoenpeuthadei | annoucheo aeeioyo

Senhor do além-mundo, que segura o cetro do Tártaro, o cetro do Estige e o cetro do Lete assassino, veja só: até os pelos das costas do Cérbero se arrepiam com medo de você. Que os chicotes das Erínias estalem. Sei bem como o divã de Perséfone é confortável de se deitar, como acalma. Seja você Serápis, diante do qual todo o firmamento treme, ou Osíris, estrela do Egito, seu lacaio é o rapaz que sabe tudo; e Anúbis, maravilhoso arauto dos mortos, é seu. Venha, venha em meu auxílio: eu o invoco com terríveis símbolos ocultos:

achaipho thotho aie aie ai ai eia othoth ophiacha emen barasthromouai
monsymphiris tophammieartheiaeaima saaooeuase enberouba amen ouralis
sothalis sothe mou raktrasimour achorame chreimier moithips thabapsrabou
thilbarphix | zameneth zatarata
kyphartanna anne Ereschigal eplangarbothithoea diadax sothara sierseir
symmytha phrennobatha oae — leichoiretakestreu ioxeiarneu koryneuknyoro
alis sotheoth dodekakiste, engolindo a ponta do rabo*, sok — roume*
souchiar anoch anoch brittandra skylm — achal bathrael amabrima chremla
aostrachin amou salenasau tat chola sorsangar madoure | boasaraoul saroucha
sisiro zacharro ibibi barbal sobouch Osir ouoai Azel abadaot — iobadaon
berbaiso chio yyy phthobal lamach chamarchoth basar batharar neaipeschioth
— phorphor iyzze yze chych chych

Subjugue Gorgônia, filha de Nilogênia: faça com que ela se jogue no balneário. Que ela o faça por Sofia, filha de Isara. Apenas por ela. Sim, rei ctônico, queime, queime, e arda, incendeie o coração, o fígado e o espírito dela com amor e desejo por mim. Faça com que enlouqueça por mim. Atormente-a constantemente. Obrigue-a a correr pelas ruas e pelas casas. Submeta-a à Sofia. Que ela entregue todas as suas posses. Que se entregue. Ah, terrível demônio do mundo inferior, leia o feitiço nesta tábua e traduza-o na forma de ação.

> *Thobarabau Semeseilamps sasibel sarephtho Iao ieou ia thyeoeo aeeioyo panchouchi thassautho Soth Phre ipechenbor Sesengen Barpharagges olam boro sepansase thobaustho iaphthp sou thoou*

Eu o entoo novamente: não negue meus desejos. Lance-a no balneário em nome de Sofia: queime, queime, arda, incendeie seu coração, seu fígado e seu espírito. Essa é a vontade da Divindade.

> *achor achor achchach ptoumi chachcho charachoch chaptoume characharachor aptoumi mechochaptou charachptou chachacho characho otenachocheu* e *sissiro sisi phermou Chmouor Harouer Abrasaz Phnounoboel ochloba zarachoa barichamo* que se chama *bacham kehk*

Obrigue-a a se lançar no balneário e atice as chamas. Faça com que Gorgônia ame Sofia de forma apaixonada, insaciável, tortuosa e incessante. Ah, Sol, detentor do mel, criador do mel, ah, conduza-a ao inferno dos espíritos: torne-a minha. Destrua. Atormente. Inflame. Dê-a para mim, por inteiro.

UM CAMPO DE BEIJOS

CATULO, *FRAGMENTO 48*

O poeta Catulo é um escritor de muitos ânimos. Seus poemas, em geral curtos, são famosos pela beleza, pelas formas sonoras e, com frequência, pelo modo direto de abordar o amor, o que pode parecer obsceno para algumas pessoas. Aqui, ele endereça um poema romântico e sensual para Juvêncio, um de seus amores. Uma das coisas que mais amo neste texto é sua percepção afiada a respeito da interação entre abundância e satisfação. Em vez de desejar o que é raro, ou ver o amor como um bem finito, aqui a imagética é de fartura: campos que amadureceram sob o sol em época de colheita. Ainda que o poema tente contar os beijos, percebe-se entre seus versos que beijos não podem ser contados como moedas ou horas. Catulo parece dizer que, quanto mais beijamos, mais beijos damos. Quanto mais beijamos, mais queremos beijar.

Seus olhos dourados, Juvêncio,
foram infundidos no mel, e são tão doces quanto,
no momento em que pouso meus lábios neles —
trezentos mil beijos
estão longe de serem o suficiente. Mesmo que eu colhesse
cada beijo como os grãos fulvos
de um campo amadurecido pelo sol
no fim do verão — feixes e mais
feixes deles —, meu amor,
ainda não seria o suficiente.

FÚRIO & AURÉLIO

CATULO, *FRAGMENTO 16*

No fragmento 15 de Catulo, o autor se dirige a Aurélio para confiar-lhe aquilo que ele mais ama, "seu rapaz". Catulo pede a Aurélio que o proteja e que não faça sexo com ele. "Leve sua ereção para onde quiser, mas não a aponte para meu rapaz", diz ele. O poeta o ameaça de uma forma um tanto repugnante, dizendo que, se Aurélio o desafiar, ele acorrentará os pés dele um ao outro e enfiará rabanetes e barbatanas de tainha na "porta aberta" do ânus de Aurélio. O texto a seguir, também conhecido como fragmento 16, encontra Catulo novamente agonizando em desejos de vingança. Sua raiva se volta contra dois amantes, Aurélio e Fúrio, pois eles tinham acusado Catulo, o homem, de ser tão indecoroso quanto seus poemas.

Vou meter nas suas bocas, vou meter nos seus rabos,
Fúrio, seu porco, e Aurélio, seu reprodutor,
se acham que sou obsceno como meus poemas.
Um poeta pode ser sujo em seus versos, mas puro
na vida. E daí se boto lenha na fogueira,
se apimento as coisas e deixo uns velhos
peludos de pau duro? "Mil beijos" e
"doces lábios" me tornam menos homem?
Venham aqui. Repitam. Vou mostrar-lhes
o que é um homem metendo nos seus cus
e nas suas bocas.

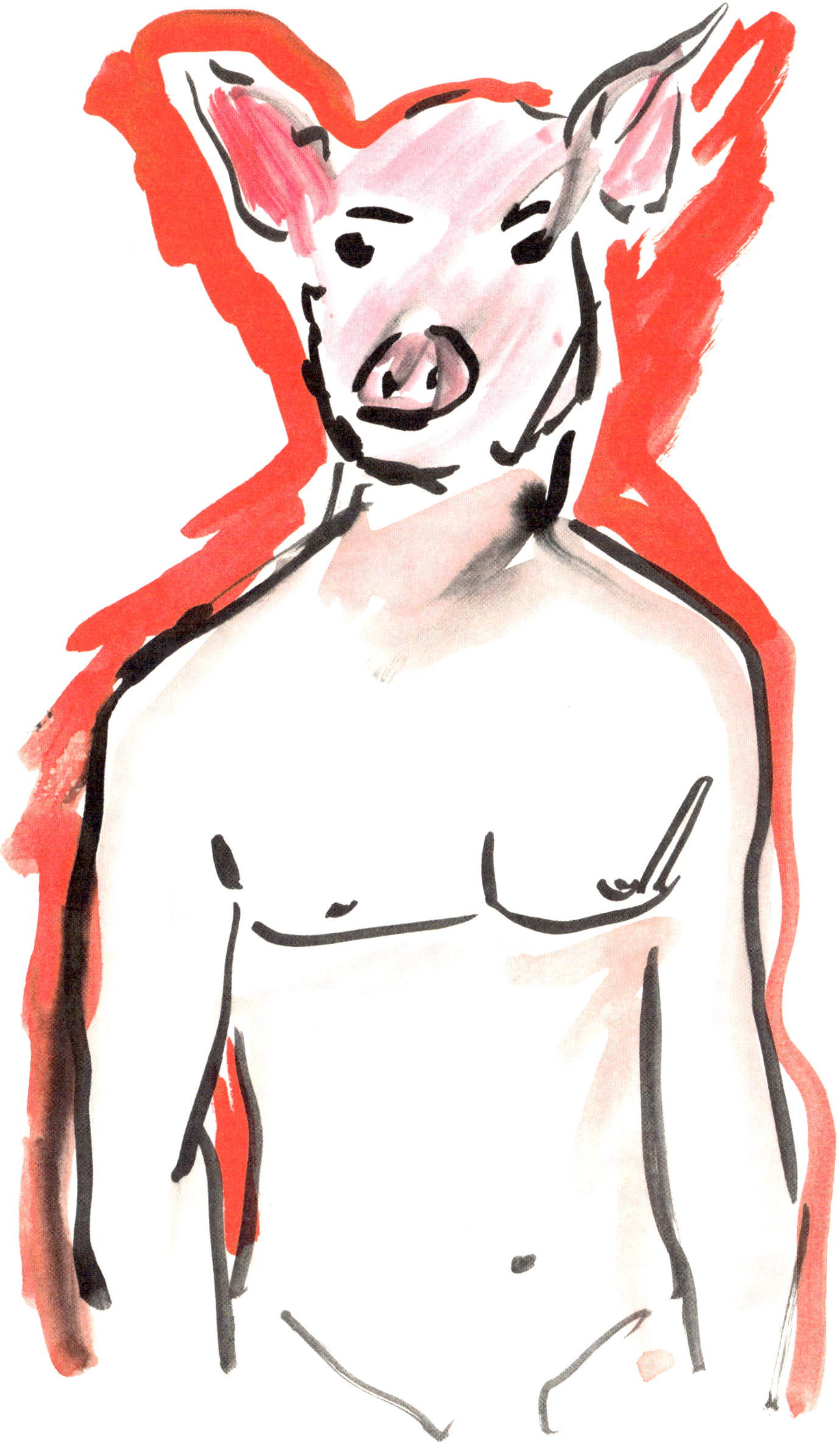

AS PROEZAS DE FILÊNIS

MARCIAL, *EPIGRAMAS*

Os epigramas "obscenos" de Marcial eram, em geral, considerados indecentes demais para serem traduzidos para o inglês. Você encontraria espaços em branco caso procurasse dois desses epigramas na edição da Loeb Classical Library (1919) ou da Bohn's Classic Library (1897).

Aqui, Marcial descreve Filênis — uma mulher andrógina que gosta de dominar rapazes e moças. Apesar do tom de repulsa, o poema apresenta imagens muito poderosas de mulheres *queer*, tão opostas ao que se espera do olhar heterossexual que chegam a confundi-lo.

Filênis, a sapatão-mor, enraba rapazes.
Seu tesão é maior que o de um homem casado.
Ela transa com quase uma dúzia de moças por dia.
Enrola sua saia e participa de
esportes masculinos; luta e fica toda
suja. Ela se junta aos gays
malhando com os halteres deles;
acumula fedor de suor; e então
enche a cara e vomita tudo
a tempo da janta, quando se empanturra
com dezesseis porções para treino,
e arrota ao terminar. Depois, firme e forte,
está pronta para transar. Não chupa pau —
isso é para maricas. Não — ela mete a
língua na racha das mulheres.
Filênis, a maior das sapatões, que os deuses
lhe concedam tudo que seu coração de fancha quiser.

A TRÍBADE DAS TRÍBADES

MARCIAL, *EPIGRAMAS*

No breve epigrama a seguir, encontramos Filênis novamente. Há uma mudança no tom, agora de reverência. Filênis não se arrepende nem se envergonha de nada, e Marcial nos encoraja a contemplar com fascínio o poder e a supremacia natural dela.

A rainha das rainhas, a mais poderosa amante de buceta:
Filênis, você tem todo o direito de chamar de namorada a mulher com quem transa.

BASSA NÃO ESTÁ A FIM DE VOCÊ

MARCIAL, *EPIGRAMAS*

Enfim conhecemos Bassa, que rejeita o olhar do narrador do poema, pois se deita apenas com outras mulheres. Percebe-se que há uma profunda irritação aqui, uma espécie de reprimenda, além de um sentimento maravilhoso de provocação, dado que Bassa parece ignorar (ou, ao menos, não reage) as zombarias do narrador. Ela não curte homens e com certeza não vai desperdiçar seu tempo com esse poeta importuno.

Até agora não a vi beijar um homem, Bassa,
e sua conversa sofisticada tampouco conquistou algum —
para cada pergunta, você encontrava uma resposta
a seu modo — e nenhum homem se aproximou.
Eu a considerava uma possível esposa perfeita, mas —
e que ousadia — você transava com mulheres.
Bassa, você se atrevia a roçar sua buceta em
outra; a usar um brinquedo para substituir um pênis.
Você criou um enigma e tanto, Bassa.
A Esfinge teria orgulho de você. Embora
não haja homem algum aqui, o adultério
corre solto.

SAFO & ÁTIS

SAFO, *FRAGMENTO 96*

Os poemas de Safo foram escritos de modo que pudessem ser cantados com acompanhamento musical. Embora a maioria deles tenha se perdido, Safo foi e continua sendo uma das poetas mais respeitadas da Antiguidade. Proclamados na ilha de Lesbos, seus versos repletos de amor se tornaram pedras de toque da identidade lésbica. Nestes textos, é possível identificar a natureza fragmentária dos poemas que sobreviveram ao tempo e a sensualidade do poder descritivo de sua escrita. Aqui, uma mulher da Lídia, sem nome, se lembra de uma pessoa chamada Átis, possivelmente o "você" a quem o poema se dirige. As lacunas parecem espelhar a distração do amor, as imagens de relance e as memórias que preenchem uma mente perdida em devaneios.

em Sardes...
sempre pensando nela...

você, você era como uma deusa para ela,
mais do que todas as outras, suas canções

a encantavam... Agora ela anda
entre as mulheres da Lídia, cintilando,

como o luar, os raios suaves dela brilham
mais do que todas as estrelas do firmamento

quando o sol se põe... O mesmo ocorre com sua luz
sobre os campos, sobre o mar de sal; as rosas

abrindo-se no orvalho, adornando
o cerefólio e o trevo-de-cheiro...

Assim ela vaga por lá, com saudades de Átis,
sua doce mente devorada pelo passado...

VER VOCÊ SEM MIM

SAFO, *FRAGMENTO 31*

O fragmento 31 é um dos poemas mais conhecidos de Safo. A narradora observa uma jovem ser acariciada por um homem e expressa seu intenso desejo de estar no lugar dele. O poema passa uma sensação de distância, de um querer sensual e de separação, o que, em vez de extinguir, aumenta a intensidade do amor de forma quase insuportável. A sensação corporal que o ciúme provoca recebe uma atenção magnífica — as alfinetadas de fogo sob a pele, o sentimento temeroso —, representada em uma imagem surpreendentemente reconhecível: de alguém que observa seu amor não correspondido do outro lado de um aposento, conversando com outra pessoa.

Esse homem parece filho dos deuses,
o que está a seu lado, com o rosto junto ao seu,
respirando perto em uma conversa suave
e no riso de seu abraço...

Observá-los juntos perturba meu peito,
inquieta meu coração.
Tento falar, mas minha voz
desaparece quando os vejo.

Há um fogo, uma chama sutil,
que estremece sob minha pele, e minha visão
se turva, anuviada, então ouço o trovão de meu
coração ribombar em meus ouvidos,

e percebo que fiquei pálida,
descorada como a relva, quase à beira
da morte, enquanto observo, e sei
que preciso ficar aqui, me sentindo sempre tão...

APOLO & CIPARISSO

OVÍDIO, *METAMORFOSES*

Nesta breve história, conhecemos Ciparisso, um belo jovem da ilha de Ceos. O rapaz, amado por Apolo, está apaixonado por um cervo que era guardado pelas ninfas de Cartea, uma das quatro cidades-Estado que existiam naquela ilha da Grécia Antiga. O cervo é domado e enfeitado com joias preciosas. Um dia, em um trágico acidente, Ciparisso atira seu dardo e o mata. Apolo, tomado por misericórdia, transforma o jovem em um cipreste — árvore tradicionalmente associada ao luto e ao mundo inferior.

Em meio ao bosque:
há um cipreste cônico, como um marco que aponta
as voltas em uma pista de corrida. Mas não —
aquela árvore um dia foi um rapaz,
amado pelo deus que toca a lira e retesa o arco.

Antigamente havia um grande cervo, sagrado para as ninfas
que frequentavam os campos de Cartea. Esse cervo
tinha uma imensa galhada, que se ramificava tanto que chegava
a projetar uma sombra em sua cabeça. Ela brilhava com adornos de ouro,
e o cervo usava uma gargantilha de joias no pescoço.
Uma bola de prata tremulava em seu cenho como um talismã,
e havia pérolas de bronze penduradas nas têmporas ocas.
Pois esse cervo, desprovido de medo, não se lembrava
da timidez de sua natureza. Costumava visitar as pessoas
em suas casas, esticando o pescoço para receber carinho.

E ele era mais importante para você, Ciparisso —
o mais belo entre os rapazes de Ceos —, do que para
qualquer outro. Você conduziu o cervo aos campos verdes
e às nascentes de água pura. Você trançava os chifres
com flores silvestres. Às vezes, subia no dorso dele
como um cavaleiro e partia em uma jornada,
guiando-o suavemente com rédeas roxas.

Era uma tarde de verão,
quando as pinças de Câncer queimavam sob o sol.
O cervo cansado estava descansando no frescor
da relva, sombreada por um arvoredo. E Ciparisso,
o belo rapaz, divertia-se, arremessando
seu dardo no ar, e, por acidente, acertou a criatura —
quando viu a ferida de morte e escutou
o grito do cervo, desejou morrer ao lado dele.
Não houve uma palavra de suavidade que Apolo não tenha
dito ao rapaz, não houve consolo que não tenha sussurrado
a seu ouvido, mas era impossível acalmar Ciparisso —
ele suspirava, implorava e lamentava, pedindo
aos deuses que pudesse chorar para sempre. As lágrimas
fluíam em tal profusão que consumiram seu sangue,
seus membros começaram a mudar de cor,
tornando-se verdes, e seu cabelo —
que estava sobre o pálido cenho — eriçou-se
como uma copa, e Ciparisso enrijeceu para o alto,
formando um cimo pontiagudo que apontava para o céu.
Apolo lamentava e suspirava por ele, e disse:

"Chorarei para sempre por você, e você
também chorará por outros, tomando
parte em sua linguagem de tristeza."

ALFENO, VOCÊ ME ABANDONOU

CATULO, *FRAGMENTO 30*

Este poema passa uma sensação de completo abandono. Catulo aparece como um amante que foi largado como um casaco velho. Depois de ser traído, ele perdeu totalmente a confiança no mundo. No entanto, não demora muito para que retorne o lado espinhoso de sua voz: confiando em uma espécie de justiça divina, alerta o ex-amante que muito em breve ele provará o gosto do próprio remédio.

Alfeno, você me abandonou, volúvel tanto com os amigos
quanto com os amantes — você se esqueceu de mim?
Foi fácil assim jogar meu amor fora como um velho casaco?
Ah, os deuses no céu estão vendo tudo, Alfeno,
e você me deixou no chão, foi embora.
Não há nada em que se possa confiar? Não se pode ter fé
nas amizades? Certa vez você me fez sair de mim mesmo —
enfeitou sua alma com a minha, desfez minhas preocupações
em suas mãos. Mas agora, com sua partida, os ventos
me destruíram por completo. Tudo está perdido, todos aqueles
dias se precipitaram na direção das nuvens. Mas os deuses criaram
uma semente a partir de seus modos. Em breve vão colher
a planta amarga, e caberá a você prová-la.

UMA ESPÉCIE DE ORAÇÃO

CATULO, *FRAGMENTO 50*

É um alívio reencontrar Catulo em uma disposição mental mais romântica e suave. Aqui, em vez de ser abandonado, ele está no começo do amor, cheio de possibilidades e de uma ansiedade gostosa. O poema em si é uma recordação e um apelo, que supostamente foi deixado em algum lugar para que Licínio o encontrasse. Catulo ousa ter esperança no amor novamente e deseja que Licínio saiba quão precioso é um coração, como um novo amor é algo raro, e como se assusta com facilidade no começo.

Foi ontem mesmo, Licínio,
em nossas horas de ócio, que brincamos
com a poesia — trocamos a métrica, testamos
as formas e as músicas no ar, conjurando
nossas imagens do vinho. Saí em chamas,
radiante, graças a seu rosto, a sua sagacidade —
me deitei à noite, mas não conseguia dormir.
Virava e revirava na escuridão, e desejava
a luz, a manhã, você. Deuses, como
eu suava. Tinha visões de seu rosto.
Eu o escutava falar. Na cama, fiz
este poema para você — um testamento,
uma recordação de nossa alegria, meu desejo.
Não o jogue fora, Licínio, meu menino
dos olhos. É uma espécie de oração;
pois Nêmesis espera, dia e noite,
que você — que eu — estrague tudo.

SOBRE O DESEJO

LUCRÉCIO, *SOBRE A NATUREZA DAS COISAS*

O poema épico *Sobre a natureza das coisas*, de Lucrécio, é um livro amplo e estranho, que abarca temas como terremotos, metalurgia e alma. Se não existir vida após a morte nem intervenção divina, o autor sugere que o principal objeto da vida é o prazer.

Um pouco antes deste trecho, Lucrécio refletia sobre a imaginação e como esta reage aos eventos do mundo quando dormimos. Embora outras pessoas acreditem que os sonhos são profecias, o autor tem uma concepção bastante moderna a respeito do assunto, pois considera os sonhos como lugares para brincar, explorar e viver nossos desejos. Ele parte desse ponto para tocar no tema dos sonhos eróticos, refletindo sobre como a mente busca prazer mesmo quando estamos dormindo. Sua linguagem intercala entre o anatômico e o filosófico de modo muito bonito, com uma riqueza que traz à tona os mistérios do corpo, da mente e do amor.

Chega com a adolescência
e fortalece o corpo; a semente desperta,
agitando nossos membros,
e a imagem de outra pessoa, presente ou
em lembrança, invade nossa mente, trazendo
a visão de um rosto encantador, seu cheiro humano —
rapazes recebem visitas em sonhos toda noite
dessas imagens, e estas chegam
tão quentes que a semente
(como se o ato tivesse acontecido)
irrompe neles e inunda os lençóis.

Pois digo que a semente é estimulada
quando um rapaz amadurece e sente impulsos
que não conhecia antes. Apenas
outra pessoa pode fazê-los vir à tona.
Atravessam o corpo, correndo
pelos membros, pelos órgãos,
até inchar entre as pernas e fazer
o pênis se erguer — e o rapaz não consegue
evitar o desejo de se derramar na pessoa
que o excitou. Sua mente, ferida pelo amor,
anseia por quem o golpeou, como um soldado
cai na direção da espada que o atravessa ou como
o talho jorra sangue na direção de quem o infligiu.
Assim, alguém perfurado pelo dardo
de Vênus — seja por um rapaz de membros
esbeltos e delicados, seja por uma mulher — volta-se
para a fonte de sua ferida, desejando
se unir a ela e disparar sua semente.
As imagens do desejo são urgentes
e suaves. Ainda que não contenham palavras,
falam das muitas alegrias por vir.

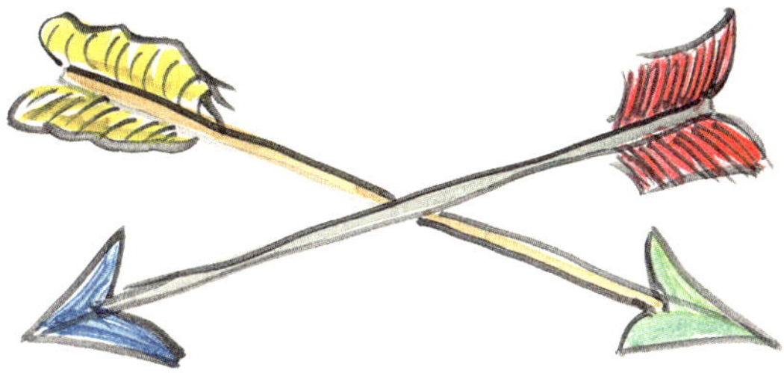

TRAIÇÃO NO BALNEÁRIO

PETRÔNIO, *SATÍRICON*

O *Satíricon* (final do primeiro século d.C.) é uma obra de ficção latina, às vezes considerada um romance, que mistura prosa e verso. O texto acompanha as aventuras estranhas — às vezes perturbadoras e sempre escandalosas — do narrador, Encólpio, e de Gitão, seu escravizado e namorado de dezesseis anos.

Um dos aspectos mais notáveis dessa obra é a forma como Petrônio mistura a sátira com o sentimentalismo, entrelaçando romance e um humor brutal. Essa mescla é exposta de forma brilhante aqui, quando a traição e a inconstância são socavadas por um doloroso arrependimento. Pouco antes do episódio a seguir, o belo Gitão é seduzido por outro homem, Ascilto; e, após Encólpio descobrir a traição, o rapaz decide ficar com o homem que o seduziu. Depois de passarem alguns dias longe, Encólpio fica mal-humorado e decide se vingar com a espada. No fim, é desarmado, entrando em uma galeria de pinturas onde se desvia de seu objetivo. Mas dá de cara com Gitão ao voltar para casa na companhia de Eumolpo, um velho poeta. O que vemos a seguir é uma história de adultério e reconciliação e, então, a dor da lembrança.

Vi Gitão recostado contra a parede, com toalhas e escovas, e parecia triste e envergonhado. Escravizado, era visível seu desconforto e abatimento. Quando ele se virou para mim, fitando-me nos olhos, seu rosto se suavizou com prazer, e ele disse:

"Perdoe-me, irmão. Veja, não tenho armas aqui, não há ameaça, então posso falar livremente. Leve-me contigo, para longe desse criminoso selvagem. Você pode me punir como quiser. Tenho inúmeros arrependimentos e ficaria mais tranquilo se soubesse que, caso encontre a morte, seria por obra de suas mãos, porque você quis."

Disse-lhe para se calar, pois alguém poderia ouvir nossos planos. Deixamos Eumolpo para trás — ele estava recitando um poema no balneário — e fugi com Gitão por uma saída úmida e sombreada, indo direto para meu alojamento. Então, quando as portas foram trancadas, puxei-o para perto de mim, roçando o rosto em sua bochecha molhada de lágrimas. Nenhum de nós conseguiu falar por um tempo. O belo corpo de meu rapaz suspirava e soluçava.

"Que vergonha, mas também é um milagre", disse eu, "pois, mesmo que você tenha me abandonado, eu ainda te amo. De algum modo, não existe cicatriz em meu coração onde antes havia uma grande ferida. Explique-se! O que fiz para merecer isso? Por que você se entregou para um desconhecido?"

Quando escutou aquelas palavras, e percebeu que eu ainda o amava, ele ergueu o rosto e fitou meus olhos. Continuei falando. "Deixei a escolha à sua porta. Deixei meu amor em suas mãos. Mas não direi mais nada, nunca voltarei ao assunto, se você mantiver sua palavra como prova de seu amor."

Falei tudo isso enquanto chorava, e ele limpou minhas lágrimas gentilmente com seu manto, e disse:

"Acalme-se, Encólpio, olhe outra vez para suas memórias e questione-se. Eu que o deixei ou foi você que me traiu? Não tenho vergonha de admitir uma coisa: quando vejo dois homens armados à minha frente, escolho o lado do mais forte."

Pressionei meus lábios contra seu peito, tão pequeno e tão sábio, e lancei meus braços ao redor de seu pescoço, abraçando-o junto a mim, para que ele soubesse que tínhamos nos reconciliado, e que nossa amizade renascia em perfeito entendimento.

Quando já estava bem escuro no cair da noite, e a mulher tinha anotado nossos pedidos para o jantar, Eumolpo, o poeta, bateu à porta.

"Tem mais alguém contigo?", perguntei, em voz alta, espiando por uma fresta para ver se Ascilto vinha com ele. Quando vi que Eumolpo estava sozinho, abri a porta e deixei-o entrar. Ele se jogou na cama imediatamente, e, quando ergueu o olhar e viu Gitão esperando na mesa, acenou com a cabeça e disse:

"Gosto da aparência de seu Ganimedes. Hoje vai ser um bom dia para nós."

Essa peculiar observação não me agradou nem um pouco, e comecei a temer que tivesse deixado alguém, semelhante a Ascilto, entrar. Eumolpo continuou persistindo e, quando Gitão lhe passou uma bebida, disse: "Dentre todos os homens no balneário, prefiro você, meu rapaz". Ele virou sua bebida em uma golada e começou a contar o relato de sua noite em um dos recintos do balneário:

"Quase fui açoitado hoje enquanto me lavava", lamentou ele, "tudo porque tentei recitar meus poemas entre os homens e me chutaram para fora, como se aquele lugar fosse um teatro! Depois, perambulei por toda parte, chamando bem alto seu nome, 'Encólpio!'. Mas então, em outra parte do balneário, um jovem nu também vagava — ele havia perdido toda a roupa, e ficava gritando o nome de Gitão tão alto quanto eu chamava Encólpio.

"Os rapazes estavam zombando de mim, copiando meus berros, mas uma multidão deles se juntou ao redor do homem nu, que ficava berrando: 'Gitão! Onde você está? Volte para mim!', e o aplaudiram, olhando-o com admiração. Veja, a questão é que ele tinha um pau daqueles, enorme — parecia que o homem pertencia ao pênis e não o contrário! Pois é, era um jovem muito bem equipado. Não estranha que tenha recebido auxílio prontamente — um cavaleiro romano, conhecido por sua sede, deu suas roupas para o rapaz e o levou consigo para divertir-se com ele, imagino. E lá estava eu, pelado, e o assistente não dava meus pertences de volta. Como diz o ditado, um pavio polido vale mais que uma perspicácia polida..."

Minhas expressões faciais mudavam enquanto Eumolpo contava sua história: primeiro ri do azar de meu inimigo, depois fiquei irritado com seus sucessos. Mas, mesmo assim, fiquei quieto e não disse nada, apenas passei adiante a comida do jantar e fingi que não tinha nada a ver com a história.

NERO & ESPORO

SUETÔNIO, *A VIDA DOS DOZE CÉSARES*, "A VIDA DE NERO"

Este trecho é profundamente repugnante. Contém cenas de abuso, agressão, misoginia, incesto e degradação física. Aqui, Nero é descrito através de um conjunto de atos obscenos ou grotescos. Ele se incendeia para além de toda moralidade, deixando-se levar por um frenesi sexual desenfreado em que mutila e abusa das outras pessoas. Não se menciona o amor ou o romance. Trata-se do desejo em sua forma mais feroz, e não é apoiado de forma alguma. Temos aqui um vislumbre brutal dos aterrorizantes conluios entre o poder e a luxúria, mostrando como reduzem suas vítimas a cinzas como um incêndio, que não incinera apenas as pessoas no caminho mas também a moralidade cultural.

Para Nero, o incorrigível e implacável, abusar de rapazes e seduzir mulheres casadas não era o suficiente. Ele estuprou Rubia, a Virgem Vestal. Certa vez, quase conseguiu fazer com que Acte se tornasse sua esposa através de um suborno, dado que obrigou seus amigos do alto escalão a mentir sob juramento, assegurando que ela era de sangue real. Em outra ocasião, castrou um rapaz, Esporo, pois quis tomá-lo por mulher, e o levou consigo, vestindo-o com um véu de noiva para casar-se com ele. Depois da cerimônia, com toda a corte presente, levou Esporo para casa e fez com ele o que se faz com uma esposa na noite de núpcias. Na ocasião, circulou uma piada que dizia que o mundo seria melhor se o pai de Nero, Domício, tivesse se casado com uma esposa desse tipo.

Nero vestiu Esporo com as melhores roupas, como uma imperatriz, e o levou para todos os mercados e feiras da Grécia.

Depois, passearam pela Rua das Imagens de Roma, onde ele se inclinou casualmente para dar um beijo carinhoso em Esporo.

Todo mundo sabia que Nero desejava com fervor a própria mãe, Agripina, mas seus inimigos o impediam de consumar essa união porque temiam que ela se tornasse poderosa demais caso se juntasse ao filho. Nero chegou a agregar mais uma concubina a seu grupo, que todo mundo dizia que era igual a Agripina. Há quem diga que mãe e filho chegavam a fazer sexo, pois era visível pelo estado das roupas dele — todas desgrenhadas e com manchas reveladoras — toda vez que saíam da carruagem.

Nero era tão amoral que, depois de ter corrompido cada parte do próprio corpo e do corpo de outras pessoas, chegou a inventar uma espécie de jogo. Vestindo peles de animais selvagens, foi colocado em uma jaula e então solto. Como uma besta, ele se atirava na direção de mulheres e homens amarrados em estacas, e atacava seus genitais em um frenesi de luxúria. Depois de ter se entregado a uma intensidade extática de desejo, seu homem, Doríforo, o satisfazia até o fim.

Depois disso, Doríforo se casou com Nero, assim como Nero havia se casado com Esporo, e, na noite de núpcias, Nero chegou ao ponto de imitar o choro e os gritos de uma mulher sendo deflorada. Alguns homens me disseram que Nero tinha certeza de que não havia nenhuma parte do corpo que fosse casta ou pura; na realidade, ele acreditava que todo mundo escondia alguma espécie de vício secreto. Por causa disso, Nero perdoaria todos os crimes de qualquer pessoa que confessasse seus atos e desejos obscenos.

O GENERAL INVENCÍVEL

PLUTARCO, *MORALIA*

Em "Diálogo sobre o Amor", texto que pertence a *Moralia*, Plutarco debate várias narrativas míticas e históricas em louvor de Eros. Embora grande parte seja um diálogo, há algumas interrupções, e o narrador vaga por seu tema através de uma lógica associativa bem solta. Ouvimos a respeito da bravura de um guerreiro, Cleómaco, e como seu amado presenciou a morte dele em batalha; também conhecemos a história de muitos outros amantes e seus amados, inclusive Hércules.

Aqui, o Amor é algo que fortalece quem ama e vive "lado a lado com a coragem", como aparece na história do "Batalhão Sagrado" — um exército invencível de amantes —, narrada por Plutarco em *Vidas paralelas*. Na realidade, pode-se dizer que o autor vai além neste trecho. Eros, em vez de ser um suplemento de Ares, o deus da guerra, é quem usurpa seu lugar, insuflando grandes atos de bravura nas pessoas. Embora as mulheres não participassem das forças militares na Grécia Antiga, Plutarco argumenta que Eros poderia inspirá-las em ações aguerridas, ou até a matar. Este trecho é compassivo e humano, repleto de admiração pelo poder do afeto e dos vínculos humanos. No fim, o amor também é apresentado como algo que nos torna melhores, transformando quem ama em pessoas mais generosas, gentis e dispostas a perdoar.

E, agora, considere como Eros é superior no âmbito da guerra. Ao contrário do que Eurípides disse, ele não é preguiçoso; pois foi ativo em campo e não gastou suas noites "dormindo junto às bochechas macias das moças". Um homem que transborda amor não precisa de Ares, o deus da guerra, para lutar contra seus inimigos. Se Eros está a seu lado, ele está pronto "para atravessar o fogo, os mares hostis e até os próprios ventos" para atender ao chamado de um amigo. Na peça de Sófocles, quando os filhos de Níobe são atingidos e estão prestes a morrer, um deles não chama um ajudante ou um aliado, mas pede o auxílio de seu amante. E tenho certeza de que vocês conhecem a história de Cléomaco de Farsália e como ele sucumbiu em combate.

"Não conhecemos essa história", disse Pêmptides e os outros ao redor dele. "Mas adoraríamos ouvir, por favor."

"Vale a pena ouvi-la", disse meu pai, e continuou a contar.

Naquela época, no ápice da Guerra Lelantina contra os habitantes de Erétria, Cléomaco veio auxiliar os cidadãos de Cálcis. A infantaria calcidense, aparentemente forte, estava com dificuldades para conter a cavalaria inimiga.

Logo, seus aliados solicitaram que Cléomaco liderasse as tropas, dado que era reconhecido como um homem nobre e

corajoso. Ele perguntou a seu amante, que estava a seu lado, se assistiria à batalha. Seu amante disse que sim, abraçou-o e beijou-o com ternura, e então colocou o elmo na cabeça dele. Naquele momento, Cléomaco se sentiu muito orgulhoso e partiu à frente do exército tessálio que trouxera para socorrer os calcidenses. Avançou contra a cavalaria inimiga com tamanha força e bravura que provocou uma desordem imensa em suas fileiras. Quando o restante dos soldados fugiu, os calcidenses conquistaram uma vitória emocionante.

Mas havia uma ferida amarga entre os espólios. Cléomaco fora assassinado durante a ofensiva. Até hoje as pessoas em Cálcis apontam para a imensa coluna no mercado da cidade, sob a qual jaz sua tumba. Se a população calcidense ridicularizava o amor entre homens e rapazes antes da batalha, passou a honrá-lo acima de todas as outras formas depois que Cléomaco foi responsável pela vitória e morreu por Cálcis.

Há algumas divergências em relação a essa história. Aristóteles diz que foi outro homem, um soldado calcidense, que foi abraçado por seu amado antes da batalha, e uma música popular de Cálcis seria prova disso:

> Ah, nobres rapazes, ah, lindos moços,
> não escondam seu amor, não se acanhem
> diante de homens corajosos — pois, em Cálcis,
> o Amor afrouxa os membros e prospera
> lado a lado com a coragem.

Em sua cidade, Tebas, não é costume que um amante presenteie seu amado com uma armadura completa quando o rapaz se torna homem? E não foi Pâmenes, um homem bastante versado no Amor, que mudou a disposição da infantaria, afirmando que Homero não sabia nada sobre o Amor quando organizou os aqueus segundo tribos e clãs, em vez de juntar amantes e amados? Ele sabia que o Amor é o único general invencível; pois, em batalha, os homens vão desertar seus conterrâneos, parentes e, os deuses sabem, até suas crianças e seus pais; mas nenhum inimigo consegue se interpor entre um amante e seu amado.

Foi esse vínculo que levou Téron, da Tessália, a levantar a mão esquerda em um muro, desembainhar a espada e cortar fora o próprio polegar, desafiando o inimigo a fazer o mesmo. E outro homem, que caiu de cara no chão no meio de uma batalha e estava prestes a receber um golpe mortal, implorou que o rival esperasse um momento para que ele pudesse se virar, de tal modo que seu amado não o visse ser ferido pelas costas.

E não são apenas as nações mais belicosas igualmente as mais amorosas, ou mais suscetíveis ao amor, como Creta, Beócia ou Esparta, mas os grandes heróis da Antiguidade também são assim: Melagro, Aquiles, Aristómenes, Címon e Epaminondas. Na realidade, Epaminondas amava dois jovens, que se chamavam Asópico e Cefisodoro. Este morreu com Epaminondas em Mantineia e foi enterrado ao lado de Epaminondas, e o outro era um guerreiro tão feroz que o homem que enfim conseguiu matá-lo foi homenageado pelos fócios.

Quanto a Héracles, listar todos os seus amados seria uma tarefa bastante demorada. Até hoje amantes veneram e homenageiam Iolau, trocando votos em cima de sua tumba, pois acreditam que ele foi amado pelo herói. Há quem diga que Héracles salvou a vida de Alceste para agradar a Admeto, seu marido, que também tinha sido um dos amantes do guerreiro. Também dizem que Apolo amava Admeto e que o serviu todos os dias ao longo de um ano.

Na realidade, é uma sorte que tenha me lembrado de Alceste. Mulheres não costumam ter muito a tratar com Ares, o deus da

guerra, mas, quando são possuídas pelo Amor, são levadas a agir com uma coragem além dos limites de sua natureza. Às vezes, é fatal. Se dermos crédito à mitologia, os mitos de Alceste, Protesilau e Eurídice nos ensinam que Eros é um dos poucos deuses cujos comandos Hades obedece. Em relação a todos os outros, como diz Sófocles: "Ele não demonstra preferência ou bondade/ por nada que não seja a justiça". No entanto, o deus respeita os amantes e deixa de ser tão implacável apenas nesse caso. Então, meu amigo, embora a iniciação nos mistérios de Elêusis possa ser algo bom, eu diria que os celebrantes dos mistérios do Amor têm um lugar melhor no Hades.

E não ache que somente as histórias míticas guiam meu pensamento, ou que eu acredito em tudo que contam: eu apenas não as desmereço por completo. Os mitos nos trazem bons ensinamentos, pelo menos em relação a uma questão. É verdade quando dizem que os amantes podem voltar do Hades para a luz do dia. Há partículas cintilantes da verdade até nos rios nebulosos da mitologia egípcia, mas é preciso ser perspicaz e ter bom discernimento para iluminá-los e tirar as conclusões certas a partir de suas evidências.

Enfim, estamos nos desviando do assunto. Gostaria de falar a respeito da bondade do Amor, de sua benevolência para favorecer a humanidade. Não me refiro aos favores que concede aos amados (acredito que esses favores são bem evidentes para todo mundo); mas àqueles que concede aos próprios amantes. Ainda que Eurípides fosse bastante versado no amor, foi um tanto superficial quando escreveu que

O Amor faz do homem um poeta.

O Amor torna uma pessoa sagaz e inteligente, mesmo que antes fosse lenta, e faz com que os covardes se tornem corajosos, assim como os homens endurecem a madeira no fogo. Toda pessoa que ama se transforma em alguém generoso e alerta, mesmo que antes fosse egoísta e tivesse uma cabeça fechada. Assim que o Amor possui alguém, suas piores qualidades são abrasadas como o ferro no fogo, purificando o amante. Este fica mais feliz quando presenteia seu amado e não se importa em receber presentes para si mesmo.

Imagino que vocês se lembrem da história de Ânito, filho de Antêmion, apaixonado por Alcebíades. Certa noite, ele ofereceu um grande jantar para seus amigos, e Alcebíades invadiu o aposento, bêbado de vinho. O jovem pegou metade dos cálices da mesa e levou-os embora consigo. Os amigos de Ânito ficaram chocados e irritados, e disseram: "Aquele rapaz é tão bruto! Olha como ele trata você!". Ânito sorriu e balançou a cabeça. "Nem um pouco. Na realidade, ele é muito gentil comigo; pois, mesmo tendo a oportunidade de levar tudo, me deixou com a metade."

UMA MISSÃO ENLUARADA

VIRGÍLIO, *A ENEIDA*

Esta é a trágica e sangrenta história de Niso e Euríalo. *A Eneida,* de Virgílio, é uma ladainha de mortes que descreve uma imagética repetitiva, quase encantatória, com um foco resoluto na lamentável violência sanguinolenta da guerra. Aqui, Niso e Euríalo, um par inseparável de habilidosos guerreiros, adentram disfarçadamente em um acampamento inimigo à noite. Lá, matam um grupo de soldados bêbados que estava dormindo, e Euríalo toma para si um elmo brilhante. No entanto, os dois são avistados no caminho de volta para casa: o elmo brilha sob o luar, e um batalhão de cavalaria os conduz a um bosque fechado. É notável como a linguagem de Virgílio se transforma, passando do registro da guerra para a imagética do amor romântico. Euríalo, o jovem amado, é assassinado; e Niso, de coração partido e tomado pela fúria, deita o próprio corpo em cima de seu amor. O contraste entre a exibição da brutal masculinidade e a ternura do final é uma visão muito pungente, que expõe como a guerra é perturbadora e cruel, e como o amor entre os homens é duradouro.

Por toda a Terra, as criaturas do mundo se encontravam
sob o manto do sono, silenciando suas preocupações à noite;
mas os Troianos estavam acordados até tarde para deliberar
sobre o destino do território, suas rotas de salvação, e quem
entre eles deveria ser enviado a Eneias como mensageiro.
Entre os campos e o acampamento, as lanças cintilavam
sob o luar; e seus escudos reluziam caso se mexessem. Niso
e Euríalo chegaram juntos repentinamente, esbaforidos:
"Deixem-nos entrar! Vocês precisam ouvir as notícias que trazemos".

Iulo se levantou depressa e pediu que falassem, e Niso disse:
"Vocês precisam escutar bem, filhos de Eneias. Somos jovens,
mas nossas palavras são urgentes. Os rútulos estão dormindo
profundamente, aturdidos pelo vinho forte, e descobrimos
um lugar por onde emboscá-los. Há uma abertura no encontro entre duas
estradas, junto a um portão perto do mar. Nesse lugar, o círculo das fogueiras
de sentinela está rompido e a fumaça preta sobe até as estrelas.
Dê-nos uma chance, e voltaremos carregados de espólios, deixando para trás
o sangue derramado de nossos inimigos. Podemos confiar naquela estrada.
Caçamos várias vezes naqueles vales secretos e já vimos
as primeiras casas da cidade, conhecemos bem o rio".

O velho Aletes
respondeu, exaltando os poderes dos deuses de Troia,
e agradeceu aos guerreiros por insuflarem tamanha coragem
no peito dos jovens troianos. Ele segurou Niso e Euríalo
pelos ombros e os abraçou com força, seus olhos
cheios de lágrimas. "Como posso premiá-los? Que honrarias
deste mundo podem servir de recompensa a vocês?
Os deuses vão abençoá-los por sua bravura, mas logo
Eneias e Ascânio demonstrarão sua eterna gratidão
com bênçãos." Então Ascânio se manifestou:
"Bem mais", disse ele, "minha vida está sob a incerteza
do retorno de meu pai. Em nome dos deuses e de seus santuários,
ofertarei toda a minha fortuna e minhas palavras às suas mãos:
chamem meu pai de volta, deixem-me vê-lo,
pois assim toda a tristeza acabará. Levem com vocês essas
duas taças de prata, essas duas cadeiras, esse montante
de ouro e essa antiga vasilha, um presente que recebi de Dido de Sídon.
Niso, se conseguirmos conquistar a Itália e assumir a coroa,
tomarei dos espólios esse cavalo, esse escudo e as plumas

rubras e darei tudo a ti, junto de uma dúzia de mulheres
e outra dúzia de prisioneiros de guerra, assim como toda a terra
que o rei Latino possuir. Quanto a você, Euríalo, você merece
ser honrado ainda que seja apenas um rapaz. Levarei a ti
em meu coração e em meus braços, e compartilharei
todas as glórias contigo, seja a estação que for."

Diante disso, Euríalo respondeu:
"Enquanto a mão da fortuna nos favorecer, serei digno
de tais palavras. Mas há algo que considero mais urgente
que todos esses presentes: lamento por minha mãe, de sangue
igual ao de Príamo, que nunca deixou de estar a meu lado, mesmo
cercado pelos muros das cidades de Troia e de Acestes. Agora,
querida mãe, preciso ir embora, mas ela não sabe nada a respeito
deste momento incerto que está prestes a me acometer, e não sei o que dizer
nem como me despedir dela. Tentei, mas não consigo me resolver
se isso a fizer chorar. E então apenas peço-lhe isto: reconforte-a,
auxilie-a em seu desamparo e traga consolo para sua desolação.
Esse seria o presente mais precioso que você poderia me dar.
Deixe-me carregar essa esperança em meu coração, e assim conseguirei
partir com mais coragem e bravura rumo aos perigos que nos esperam".
Euríalo falou com tanta ternura, levando os troianos às lágrimas.
O amor dele pela mãe era tamanho que Iulo pegou sua mão
e garantiu que faria tudo que pudesse.
"Ela será para mim como minha própria mãe, Euríalo.
Qualquer mulher que tenha criado um filho como você
merece toda a nossa gratidão. E eu prometo por minha vida,
pela qual meu pai jurava, que, aconteça o que acontecer, meus presentes
serão concedidos à sua mãe e a todos os seus parentes." Iulo chorou ao falar,
comovido pelo amor do próprio pai, então tirou do ombro
uma espada dourada, modelada por Licáon de Cnossos
com uma bainha de marfim. Mnesteu deu uma pele de leão

para Niso, e Aletes tirou o próprio elmo
para colocar na cabeça do guerreiro.

Os troianos acompanharam
os dois homens, já bem armados, até os portões,
sob o som das orações sérias que sobrecarregavam o ar quente.
Na dianteira deles estava Iulo, que caminhava
com o espírito de um homem, carregando preocupações
muito além de sua idade. Ele pediu aos dois guerreiros
que levassem inúmeras mensagens para seu pai, mas o vento
as arrancou de suas mãos e as espalhou pelo frio céu índigo.
Niso e Euríalo se deslocaram furtivamente, atravessando
fossos em busca do acampamento inimigo, que se escondia
sob o manto escuro da noite. A sombra tranquila das azinheiras
oscilava e a fronde das samambaias verdes e macias silenciava os
passos dos homens. Então, quando uma clareira entre as árvores revelou
o som vívido e ruidoso da água, enfim encontraram todos os
homens estatelados na grama, dormindo bêbados. As carruagens
estavam inclinadas para cima e largadas na beira do rio, com as
rédeas e rodas desalinhadas, e havia mais soldados,
emaranhados em meio a uma bagunça de armaduras
e recipientes de bebida. "Agora, Euríalo",
sussurrou Niso, "é a hora de mostrarmos nosso valor.
Esta é a nossa estrada. Garanta que ninguém nos ataque pelas costas.
E, como um homem que abre caminho pela vegetação alta
nas terras ermas, eu irei adiante com minha espada
para massacrar esses homens e abrir caminho para você."
Pouco depois de dizer isso, ele se lançou adiante
e atravessou com a espada o peito de Ramnetes,
que dormia profundamente, envolvido em cobertores grossos.
Um homem, que um dia foi um profeta amado por um rei,
se engasgava no próprio sangue. Com um rápido

lampejo metálico, Niso trespassou outros três servos
que dormiam, então o escudeiro de Remo e depois seu auriga,
deitado aos pés de seu corcel. Ele abriu com sua espada
todos os pescoços macios adormecidos.
Quando começou, não parou mais: um jato rubro
espirrou do pescoço do chefe deles assim que foi arrancado,
e logo o sangue, espesso e brilhante, encharcou as camas
e o chão descampado. Depois foi a vez de Lamiro, e então do Lamo
e do jovem Serrano, que tinha jogado a noite toda
com os amigos, felizes e bêbados.
Como um leão faminto que ataca um cercado de ovelhas,
possuído por uma fome selvagem, Niso estropiava e mutilava
toda aquela carne macia, que pingava sangue. Atrás dele,
Euríalo vinha com igual fúria. Como uma chama inflamada por um
vento súbito, ele abria seu caminho destroçando os homens que dormiam —
Fado, Hebeso, Abaris e Reto. Este último acordou e seus olhos
encararam com horror a cena. Em pânico, rapidamente se escondeu atrás
de um recipiente de vinho, mas sua respiração trêmula o delatou:
ao se levantar, Euríalo enfiou a lâmina inteira
no peito do homem e a retirou manchada
de sangue. Reto se engasgou: um rio de sangue,
vinho e vômito jorrou de sua boca.
Euríalo prosseguia com vigor por entre a multidão, silencioso e impassível,
na direção dos seguidores de Messapo. As fogueiras de sentinela
estavam quase apagadas, restava apenas o brilho das brasas,
bruxuleando na noite ao lado dos cavalos amarrados. "Vamos",
disse Niso, vendo o desejo de sangue e a ânsia de
violência nos olhos de Euríalo. "O amanhecer não é nosso amigo,
e logo sua luz rosada e traiçoeira rastejará
pelo horizonte. Nós nos vingamos.
Abrimos nosso caminho." Então eles partiram,
deixando um estrondo de armaduras prateadas atrás de si.

Mas Euríalo pegou os medalhões de Ramnetes
e seu cinto de tachões dourados como prêmios.
Tinham sido presentes de Cédico para Rêmulo,
como um lembrete da longevidade da amizade deles,
que existia apesar da distância. Com a morte de Rêmulo, seu neto os recebeu,
mas depois viraram espólio de guerra dos rútulos, e Euríalo os havia roubado,
colocando-os nos próprios ombros. Também tomou para si
o elmo de Messapo, repleto de plumas, e o vestiu assim que partiram
do acampamento em busca de um lugar seguro.

Nesse meio-tempo, uma cavalaria tinha sido enviada
da cidade deles para levar uma mensagem a Turno — trezentos homens,
com escudos que reluziam à noite, liderados por Volscente —,
enquanto o resto do exército esperava. Ao se aproximarem do
acampamento, viram Niso e Euríalo seguirem por um caminho.
Foi o elmo roubado, brilhando sob o luar, que traiu Euríalo.
"Vocês!", gritou Volscente. "Parem!
Para onde estão indo armados assim? Quem são?"
Os homens, sobressaltados, correram para o meio do bosque,
enfiando-se nas sombras dos galhos. Os cavaleiros se dividiram e cercaram
o lugar, bloqueando todos os seus caminhos. A mata era densa e
tenebrosa, cheia de vegetação rasteira e azinhal.
As silveiras e a viçosa cortina sussurrante das azinheiras
obscureciam todo o campo de visão.
Era possível vislumbrar vagos sinais de um caminho por uma senda
apenas através dos rastros de um cervo. Euríalo, apavorado,
se escondeu em meio à sombra dos galhos.
Ele perdeu seus pertences; ele se perdeu do caminho. No entanto,
Niso avançava confiante, sem olhar para trás, e conseguiu escapar
sem se dar conta disso. Ofegando, chegou em
um curral de gado com cercas altas onde a lua
brilhava fria, e, quando parou, virou-se

para procurar seu amigo. "Euríalo! Onde eu o deixei?
Para onde devo ir agora?" Ao falar,
começou a retraçar os próprios passos, e os olhos vasculhavam
o silencioso matagal em busca da rota. Então
escutou o som de cavalos, seguido pela torrente acelerada
dos cascos em uma perseguição, e depois um grito alto
que veio do meio das árvores. Era Euríalo. Ele havia se desequilibrado
na escuridão fibrosa do bosque, confuso com a torrente
súbita dos cascos, pego e levado embora.
Lutava contra os soldados e berrava.
O que você pode fazer, Niso? Como vai resgatar seu amigo?
Quais armas usará se partir para o ataque?
Deveria se lançar no meio da torrente e
do matagal de espadas e correr por entre as lâminas
para ser ferido furiosamente e morrer por ele?

Niso recolheu o braço para trás e inclinou a lança para os céus.
Ao ver o silencioso testemunho da lua, rezou: "Você, ah você, Deusa,
glória das estrelas, vigilante dos bosques, esteja conosco, eu e Euríalo,
ajude-nos em nosso momento de necessidade. Se meu pai
já levou oferendas a seu altar, ou se eu já deixei meus espólios
de caçada em seu templo, ou os prendi em seus beirais sagrados,
permita que minha lança se entrelace ao vento e seja a ruína daqueles
[homens".
Quando terminou a oração, ele arremessou a lança com toda a força
do corpo — a lâmina irrompeu pela cortina da noite na direção de Sulmo
e afundou em suas costas, fazendo com que uma lasca afiada atravessasse
o diafragma. Sulmo virou de pernas para o ar e vomitou um
jorro de sangue quente. As pernas grossas convulsionavam com a dor.
Os inimigos perderam o controle da situação, saindo em disparada
para todas as direções em busca de quem os atacava. Enquanto isso, Niso
— encorajado pelo primeiro sucesso — preparou

outra lança e mirou. O batalhão ainda estava em pânico
quando a segunda lâmina cortou o ar, assoviando,
e aterrissou na testa de Tago, rompendo seu cérebro.
A lança prateada ficou presa ali. O sangue aquecia o metal.
Volscente vociferava de raiva, mas não conseguia ver de onde
os ataques vinham em meio à escuridão das árvores — sua fúria oscilava
de um lado para o outro, fervente, sem encontrar direção ou saída,
até que seus olhos pousaram em Euríalo. "Você!", berrou ele, "você
vai pagar com seu sangue pelas duas mortes." Então ele desembainhou
a espada com um som tremeluzente e avançou em disparada.
Niso entrou em pânico, sem conseguir pensar, e saiu do esconderijo,
gritando: "Estou aqui, eu sou o responsável pelos ataques, mire em mim!
Ele é inocente, juro diante do céu e das estrelas, a única afronta
que cometeu foi ter amado demais o homem errado". Niso
ainda estava dizendo essas palavras quando a espada atravessou
as costelas de Euríalo com uma força terrível, estraçalhando
seu peitoral branco. Ele caiu rolando por terra. O sangue
brotava de seu corpo macio. O pescoço pendia como uma flor
cortada pelo arado, e a cabeça caiu mole
sobre o ombro. O pesar se alastrou rapidamente por Niso
como um incêndio. Ele correu às cegas pela multidão de soldados
em busca de Volscente, a mente tomada por violência
e vingança. Sua espada irrompeu como um raio
contra os soldados que tentavam contê-lo.
Ele abriu seu caminho com ira, até encontrar Volscente,
e, cara a cara, cravou fundo a espada na boca
aberta do homem. Assim, quando sentiu a própria vida desaparecer,
ele eliminou o hálito de vida de seu inimigo. No entanto,
o torso de Niso estava todo perfurado, sua força se esvaía,
e seu último ato foi se jogar sobre o corpo
de seu amado. Ali ele descansou, sobre o inanimado
Euríalo, até que a morte tomou também sua vida.

ORESTES & PÍLADES

EURÍPIDES, *IFIGÊNIA ENTRE OS TAUROS*

Eurípides, um dos maiores escritores de tragédias da Grécia Antiga, criou *Ifigênia entre os tauros* entre 414 e 412 a.C. Há uma história anterior ao começo da peça: Ifigênia, uma jovem princesa, estava prestes a ser sacrificada pelo próprio pai, Agamenon, mas, no último momento, a deusa Ártemis trocou a princesa de lugar com um cervo, levando Ifigênia para a terra dos tauros. Lá, a princesa se tornou uma sacerdotisa do templo de Ártemis e recebeu o terrível papel de sacrificar estrangeiros em rituais. Ifigênia, horrorizada com o próprio destino, deseja voltar para casa ou enviar uma mensagem para a família para dizer que ainda estava viva.

Neste trecho, Orestes (o irmão mais novo de Ifigênia, que matou a mãe, Clitemnestra, para vingar o pai) e o melhor amigo dele, Pílades, chegam ao templo de Ártemis. Os dois não sabem nada sobre a identidade de Ifigênia, pois haviam sido enviados por Apolo para roubar a estátua da deusa que estava no templo, mas têm consciência de que, se forem vistos, a sacerdotisa os sacrificará. Quando são capturados, Ifigênia descobre que vieram de Argos e diz que poupará um deles se enviarem uma carta dela para lá. Orestes pede para ser sacrificado, pois se sentia responsável pela jornada e queria salvar Pílades daquele destino horripilante. Nesta cena, as palavras de Orestes e de Pílades são faladas, e as do coro são cantadas.

CORO [*para Orestes*]: Cantamos um lamento em seu nome, estrangeiro. Essas gotas aspergidas em seu cabelo são água consagrada e logo vão se misturar a seu sangue em seu auxílio.

ORESTES: Por favor, não cantem essas músicas para mim. Não há necessidade de piedade. Adeus, adeus, estrangeiras.

CORO [*para Pílades*]: Por outro lado, o destino lhe sorri, jovem. Cantamos uma música feliz para você. Alegramo-nos. Você caminhará por sua terra nativa em breve.

PÍLADES: O destino sorri para mim? Vocês se alegram? Como posso me alegrar, como pode o destino sorrir, se meu amigo está prestes a ser morto?

CORO [*para Pílades*]: Ah! Uma jornada cruel o espera.

CORO [*para Orestes*]: Ah! Você está destruído! Uma morte cruel o espera.

CORO: Ah! Qual destino é pior? Minha mente está dividida. Devo lamentar você, ou por você? Pobre coração, que homem merece mais seu choro?

ORESTES: Pelos deuses, Pílades. Você pensa o mesmo que eu?

PÍLADES: Não sei, Orestes. No que você está pensando?

ORESTES: Quem é aquela jovem? Ela sabe tanto sobre a Grécia. Ela me questionou sobre as turbulências em Troia, sobre o retorno dos aqueus, e sobre Calcas, aquele que pressagia através dos pássaros, e sobre Aquiles. Você viu como o rosto dela expressou compaixão quando soube a respeito de Agamenon, sua esposa e filhos? Ela deve ter vindo da Grécia. Acho que descende de argivos, o que significa que também é estrangeira aqui. Afinal, por que enviaria uma carta para lá? A forma como fez suas perguntas — a ansiedade em seu rosto — deu a impressão de que seu próprio destino estava vinculado ao de Argos.

PÍLADES: Estava pensando a mesma coisa, Orestes. Mas as histórias dos reis não são de conhecimento comum? Ainda mais para aqueles que viajam. Mas há outra coisa corroendo minha mente...

ORESTES: O quê? Podemos resolver isso juntos.

PÍLADES: É a vergonha, Orestes. A vergonha de continuar vivo depois de sua morte. Será insuportável. Navegamos juntos por tanto tempo. Deveríamos morrer juntos, nós dois. Parecerá covardia voltar para Argos e para os vales da Fócida sem você. As pessoas vão achar que eu o traí, que o abandonei e naveguei sozinho de volta para casa. Deuses, podem chegar a dizer que o matei — que planejei sua morte e me aproveitei das dificuldades de sua família, dado que fui eu quem se casou com Electra, sua irmã, e, portanto, eu herdaria sua fortuna.

Preciso ter meu último suspiro a seu lado, Orestes. Devo morrer contigo e ser queimado na mesma pira, porque sou seu amigo e você é o meu.

ORESTES: Silêncio, Pílades! Posso suportar meu próprio destino. Posso aguentá-lo. Mas seria insuportável se minha dor fosse duplicada, somando-se àquela que afligiria sua vida. Pois as coisas que você teme — vergonha e desonra — também seriam minhas, caso eu seja a causa de sua morte. Você é meu melhor amigo. Você me ajudou a atravessar as dificuldades de minha vida.

Desistir da vida não é uma privação para mim, pois assim quiseram os deuses. Mas você foi abençoado. Sua família é pura e próspera, já a minha é profanada e amaldiçoada. Se você for salvo e viver mais que eu, e minha irmã parir seus filhos, meu nome continuará vivo. Você pode salvar meu nome e a casa de meu pai, dando a nós um futuro.

Por favor, Pílades, salve-se e vá viver na casa de meu pai. Venha, segure minha mão e me prometa que construirá uma pequena tumba para mim em Argos, quando voltar para a Grécia, assim como um pequeno memorial com meu nome, para que minha irmã possa fazer suas oferendas ali e derramar suas lágrimas sobre a pedra. Diga para todos em casa que morri nas mãos de uma mulher argiva. Diga-lhes que foi em um altar e que ela aspergiu água consagrada em minha testa.

E, por favor, Pílades, quando você voltar para casa e vir como Electra foi abandonada, e como a casa de meu pai é solitária, não a deixe.

Agora, Pílades, preciso me despedir de você, meu amigo mais amado. Segure minha mão. Brincamos juntos quando éramos crianças, caçamos lado a lado quando éramos rapazes. Você foi meu ombro amigo e me ajudou ao longo da vida. Fui um joguete de Apolo — aquele deus é um profeta, mas também mente. Ele me levou para longe da Grécia, e eu confiei nele, matando minha própria mãe, pois então, desgraçado que sou, devo morrer. Adeus, meu amigo. Adeus, Pílades.

PÍLADES: Você terá sua tumba, Orestes, e nunca trairei sua irmã. Se isso é possível, eu o amarei ainda mais depois da morte, e sua memória me seguirá por toda a vida. Mas será que algo não pode mudar? Será que sua vida ainda não pode ser salva?

ORESTES: Silêncio, Pílades. As palavras de Apolo não me servem para nada agora. Veja só: a mulher está saindo do templo e vindo em nossa direção.

PAUSÂNIAS SOBRE O AMOR

PLATÃO, *O BANQUETE*

Este trecho de *O banquete,* de Platão, é um dos textos mais famosos da Antiguidade. Nele, Pausânias oferece seu célebre discurso sobre o Amor, se detém nas relações entre homens e rapazes e estabelece uma distinção entre o "Amor Celestial" e o "Amor Banal".

A valorização da pederastia na Grécia — em geral representada como um relacionamento saudável entre um homem mais velho e um rapaz livre — prevalece em várias histórias deste livro. Embora não fosse de forma alguma o único tipo de relacionamento entre homens na Grécia Antiga, sua função educativa tinha um papel central na cultura. Rapazes — entre catorze e dezoito anos — eram cortejados e tinham um papel passivo no sexo. Hoje em dia, essas práticas culturais nos incomodam, assim como a misoginia implícita no discurso de Pausânias, que mais um vez glorifica a homossexualidade entre homens como um ideal em parte porque exclui as mulheres.

É sensato lembrar que foi Platão quem colocou essas palavras na boca de Pausânias. Ele foi uma pessoa real, de fato, e é provável que preferisse exclusivamente a homossexualidade muito mais do que os outros na Antiguidade grega. Ou seja, pode haver um grau de caracterização em jogo aqui. De toda forma, o impacto de suas ideias é duradouro e significante na história *queer.* Tomando apenas um exemplo, Oscar Wilde se referiu a ele no famoso discurso durante seu julgamento por grave atentado ao pudor. O "amor que não ousa dizer seu nome" é aquele "que Platão chegou a tomar como a própria base de sua filosofia... É aquela afeição profunda e espiritual, tão pura quanto é perfeita".

Sabemos que não há amor, não há Afrodite, sem alguém a quem amar. Se houvesse apenas uma Afrodite, só haveria uma forma de amor; mas, como são duas, deve haver dois aspectos do Amor.

Alguém duvida que existam duas Afrodites? Há a mais velha, a filha de Urano que não tem mãe. Esta nasceu do céu e por isso a chamamos de Celestial. E há a mais jovem, filha de Zeus e Dione: seu nome é Banal. Assim, cada tipo de Amor recebe o nome da deusa com a qual se associa, com a qual trabalha. Portanto, há o Amor Celestial e o Amor Banal. Decerto que todas as divindades devem ser adoradas, mas é importante reconhecer as características diferentes dessas duas.

Não há ação que, por si só, seja nobre ou ignóbil. Olhem ao redor: podemos beber, dançar ou debater, e nenhuma dessas atividades poderia ser considerada nobre por si só, mas assim se tornam pela forma como as desempenhamos, por seus modos de ação. Quando agimos com nobreza, adquirem essa qualidade. Quando não são feitas de modo apropriado, tornam-se mesquinhas e erradas. É o mesmo com a ação de amar. O amor nem sempre é nobre ou digno de elogio. Só se torna merecedor disso quando somos compelidos a amar de forma nobre.

O Amor Banal faz jus a seu nome: é aleatório, indiscriminado, sentido por pessoas sem discernimento, como quem ama tanto mulheres quanto rapazes, cujo amor se atrai pelos corpos e não pelas almas. Essas pessoas costumam escolher amores de pouca inteligência; de fato, buscam pessoas assim. Seu único desejo é a conquista e a satisfação rápida. Não se importam se amam de forma certa ou errada; fazem-no como o caos e sem distinção. Sua origem provém da deusa mais jovem. Seu amor deriva dela, e com ela se associa, ela que é parte mulher e parte homem.

Por outro lado, o Amor Celestial trabalha junto à deusa Celestial, que não descende da mulher, mas apenas do homem. Também é a mais velha entre as duas, e por isso é menos volúvel, menos abusiva e mais madura. Seu Amor inspira aqueles que se apaixonam pelos homens, que são mais robustos e possuem mais inteligência. É possível reconhecer aqueles que se movem pelo Amor Celestial mesmo quando se atraem por rapazes, porque buscam aqueles que têm um intelecto plenamente formado, já nos últimos estágios da puberdade, uma vez que estes já estão prontos para os acompanhar sempre e para dividir uma vida juntos. Eles não tentam se aproveitar do rapaz nem procuram enganá-lo, uma vez que este ainda pode ser jovem e propenso às tolices. Também não zombam de sua confiança antes de fugir com outra pessoa.

Deveria ser decretada uma lei que impedisse os romances com jovens. Afinal, nesses casos, as consequências são incertas e podem resultar em uma perda de tempo. Quem entre nós pode dizer que um rapaz concluirá seu desenvolvimento? Esse rapaz será virtuoso ou corrupto? E sua alma? Bons homens são autônomos e se orientam apenas pelas regras de sua livre vontade, mas, por outro lado, aqueles que se inflamam com o Amor Banal necessitam ser forçados a seguir a regra, uma vez que precisamos dar nosso melhor para tentar impedi-los de ir

para a cama com mulheres livres. Afinal, essas pessoas trazem descrédito e escândalo à porta do Amor, maculando suas possibilidades, e por isso há quem diga que é completamente errado satisfazer tal amor. Essas pessoas afirmam tais coisas porque sofreram com os descaminhos desse amor imprudente, mas, como eu disse, não há ação errada por si só, o que importa é que seja feita da forma correta.

É fácil explicar as convenções sobre como é amar em outras cidades. Elas foram estabelecidas de forma clara e direta. Mas na Élida e na Beócia, onde as pessoas não têm habilidades comunicativas, todo mundo apenas concorda com a ideia de que é correto satisfazer os amantes. Procedem dessa maneira para se livrar da necessidade de articular seus posicionamentos, ou de usar a arte da retórica. Na Jônia, contudo, assim como em muitos outros lugares, vivem sob uma regra diferente, e é um consenso que os assuntos amorosos são um tema vergonhoso. Isso se deve ao fato de não existir uma democracia nesses lugares, pois são governados por déspotas. Dizem-lhes que toda filosofia, todos os esportes e todo exercício do intelecto são um tema vergonhoso. Não resta dúvida de que os governantes temem pelo que poderia acontecer se as pessoas começassem a pensar, a ter ideias, ou a forjar os vínculos sociais que essas atividades podem promover, ainda mais a prática do amor. Todos os opressores aprendem essa lição. Pois não foi o amor de Aristogitão e a força do afeto de Harmódio que acabou com o poder dos tiranos atenienses? Logo, em todo lugar que houver uma regra que reprove a satisfação dos amantes, saberemos que seus governantes são falhos, que cobiçam o poder e que seus súditos são covardes. Da mesma forma, lugares que aprovam todos os gestos de amor costumam ter governos preguiçosos, guiados por mentes indolentes.

Mas aqui, em nossa cidade, nossas convenções são melhores, ainda que sejam mais complexas. Por exemplo, considerem nosso ditado popular que afirma que é melhor amar às claras do que às escondidas, ainda mais se seu amado for nobre e virtuoso, mesmo que não seja bonito. E pensem também na forma como o amor é recebido pela população. O modo como encorajamos os amantes lhes mostra que não há nada vergonhoso em suas relações. Todo mundo acredita que conquistar um rapaz é uma coisa boa. A única desgraça que existe é fracassar na busca pelo amor. Então, quando um amante está tentando cativar um rapaz, nossa cultura o celebra e lhe concede a liberdade de fazer coisas extraordinárias em nome desse amor. Se tais gestos fossem feitos por qualquer outro motivo, seriam dignos de censura.

Por exemplo, suponhamos que alguém esteja tentando tirar dinheiro de outra pessoa, ou tentando alcançar um cargo político ou outra posição de poder, e esteja disposto a agir como agem os amantes em busca de seus amados. Suponhamos que esse homem suplicasse de joelhos, implorasse, fizesse promessas e passasse a noite toda dormindo na soleira da porta de alguém como um cão, e estivesse disposto, de fato, a se submeter. Com certeza seus amigos tentariam botar juízo na cabeça dele e o censurariam. Sem dúvida seus inimigos fariam o mesmo, zombando de sua falta de respeito por si próprio. Mas se um homem é um amante e faz tudo isso por seu amado, ele é celebrado e elogiado por seu comportamento. O mais estranho nisso tudo é que a única quebra de promessa que os deuses perdoam é aquela cometida por um amante. Dizem que as juras de um amante não são juramentos de verdade, portanto é fato que os deuses e os mortais lhe concedem total liberdade.

Depois que eu lhes disse tudo isso, vocês devem supor que os gestos e expressões de amor são altamente apreciados aqui em

nossa cidade. No entanto, quando alguns rapazes se tornam amantes, há pais que os colocam sob os cuidados de um tutor para impedi-los de falar com quem os deseja. Pode até acontecer de amigos ou companheiros de jogos chamarem o rapaz por certos nomes se descobrirem que ele se tornou um amante, e os adultos não impedem as importunações. Se olharmos por esse lado, vocês podem supor o contrário, que amar e expressar amor são motivo de vergonha.

Mas eis o que acredito que seja a verdade dessa questão: amar não é algo simples e, como falei antes, não é certo ou errado por si só, mas depende de como se dá. Agradar a um homem iníquo com gestos ruins é uma forma errada de amar. Por outro lado, agradar a um bom homem com ações nobres é um jeito correto de amar. Aliás, chamo de "iníquo" aquele que se inspira no Amor Banal, que deseja o corpo, mas não a alma. Veja bem, esse amante é volúvel porque ama algo que está em constante mudança: assim que a beleza do corpo desaparece, o amor "esvoaça e vai embora", deixando para trás todas as palavras e promessas. Já quem ama a alma permanece firme por toda a vida, dado que se vincula a algo que também continua inalterável.

Bem, isso explica um pouco nossos costumes e encoraja a forma certa de amar de um jeito maravilhoso. É por isso que incentivamos nossos amantes a buscar seus amados e encorajamos os amados a fugir, e não há contradição nisso. É um tipo de esporte que revela o caráter do amante e do amado. É por isso que consideramos vergonhoso que um deles se entregue muito facilmente. Não há conquista, competição ou julgamento — apenas a intervenção do tempo consegue determinar o tipo de amor que há nessa relação. É também por isso que consideramos vergonhoso que alguém se apaixone pelo dinheiro ou pelo status de seu amante. Se um rapaz se atrai por essas coisas, talvez seja por receio de se apaixonar de verdade, ou porque ama o ouro ou o sucesso político mais do que a si mesmo. Tanto o ouro quanto o poder não são permanentes, então qualquer vínculo que se baseie nessas fundações é instável e corre o perigo de desmoronar.

Segundo nossos costumes, resta uma forma pela qual um amado pode agradar a seu amante. Como eu disse, a disposição de um amante para se submeter ao amor e a seu amado, e de se prestar a toda forma de servidão para com ele, não é considerado algo escandaloso ou degradante, dado que o propósito dessa submissão é agregar virtude e sabedoria ao amado. Pois digo que não há degradação ou humilhação alguma quando um amante deseja se colocar a serviço do outro, entregando-lhe sua integridade, mas há desonra na expectativa de tornar seu amado mais sábio ou alguma outra coisa virtuosa.

Agora chegou o momento de compararmos estas duas regras: aquela que aborda o amor pelos rapazes e a outra, que se refere ao amor pela sabedoria e pelas virtudes. Ao tratar desse tema, veremos se é bom ou não para o amado agradar a seu amante. Pois quando um amante e seu amado se juntam, e cada um se orienta pela própria regra — o amante com a justificativa de se comprometer a servir o amado, e o amado com a justificativa de expressar sua afeição para com o amante, que o tornará sábio e virtuoso —, será uma relação amorosa correta e nobre de se viver. Isso caso ambas as regras se mantenham válidas, com o amante a conferir virtude e o amado a desejá-la.

Não há vergonha em frustrar as expectativas de alguém; mas, se essas duas regras não forem seguidas e as intenções do amante e do amado forem erradas, então o amor deles se torna equivocado. Por exemplo, suponha que um rapaz acredite que seu amante é rico e admita que tenta se aproximar dele com a expectativa de se tornar rico também. Nesse caso, se acontecer de o amante ser pobre e o rapaz não conseguir dinheiro algum nessa relação, ainda assim sua atitude é fruto de um equívoco. Esse tipo de rapaz revela o próprio caráter: iria além dos limites da propriedade para poder enriquecer. Da mesma forma, suponhamos que um rapaz acredite que seu amante é um homem bom e virtuoso, e admita que tenta se aproximar com a expectativa de aprender com ele e de adquirir as mesmas qualidades. Se o amante se revelar um homem iníquo, esse engano não é motivo de vergonha para o amado. Pelo contrário, este mostrou um aspecto bom do próprio caráter: ele faria de tudo, por qualquer pessoa, em prol da virtude e da sabedoria, e não há motivo superior a esse. Juntar-se a um amante na expectativa de se tornar virtuoso é um gesto correto e íntegro por si só. Afinal, inspira-se no Amor Celestial, associado à deusa celestial; e esse amor é um bem universal, um valor para a cidade e para as pessoas, porque compele os amantes a prestar atenção na própria virtude e leva os amados a fazer o mesmo. Todas as outras formas de amor se inspiram no Amor Banal.

Esses são os pensamentos que posso lhe oferecer, Fedro, ao ser convocado no calor do momento para um debate sobre o amor.

GAYS PELA DEMOCRACIA

ARISTÓTELES, *A CONSTITUIÇÃO DOS ATENIENSES*

Esta é a história de dois amantes, Harmódio e Aristogitão, que se tornaram célebres por terem assassinado um tirano, tornando-se "tiranicidas". Esses homens se transformaram em símbolos preeminentes da democracia ateniense, famosos por terem conspirado contra o tirano Hiparco e o matado. Há relatos conflitantes sobre como levaram o esquema a cabo, e Aristóteles narra alguns aqui. Tucídides alega que as adagas estavam escondidas em uma grinalda cerimonial de murta, mas Aristóteles afirma que essa ideia é anacrônica.

Neste trecho, Aristóteles conta a história de dois irmãos, Hípias e Hiparco, e da morte deste pelas mãos dos amantes. Depois do ataque, Harmódio é assassinado e Aristogitão é preso. No cárcere, ele é submetido a uma longa tortura, durante a qual acusa várias pessoas poderosas e ilustres de terem participado da conspiração.

Hípias e Hiparco assumiram o controle dos assuntos públicos conforme o cargo e a idade de cada um. Hípias passou a chefiar o governo por ser um homem da política e mais velho. Já Hiparco, sendo, por sua vez, amoroso e de aspecto jovial, trouxe poetas para Atenas, dado que amava a literatura.

Mas havia alguém, chamado Téssalo, bem mais jovem que os irmãos: ele era teimoso e com uma inclinação para a insolência. Foi ele quem trouxe a ruína para a casa. Pois, depois de um tempo, se apaixonou por um homem chamado Harmódio. Quando as tentativas de aproximação de Téssalo foram rejeitadas, sua raiva se inflamou. Envergonhado, ele perdeu todo o comedimento. Um dia, em meio a um acesso de mágoa, ele viu a irmã de Harmódio.

Ela carregaria um açafate em uma procissão de festival. Téssalo gritou para a moça, para interpelar seu caminho. "Seu irmão é um namorador afeminado que só sabe desmunhecar", disse ele. Essa ofensa era tão vergonhosa que chegou a arruinar a honra da mulher, que foi excluída da procissão.

Não é estranho que Harmódio tenha se voltado contra Téssalo ao saber do ataque. A ofensa queimava dentro dele, pois não somente o atingia, mas também se dera contra sua irmã. Então, pouco depois, ele começou a conspirar com seu amante, Aristogitão.

Os homens envolvidos na conspiração estavam de olho em Hípias, um dos chefes do governo, durante o festival de Panateneias na Acrópole. Hípias estava à espera da procissão, que o receberia, e Hiparco, seu irmão, a conduzia.

Os conspiradores observaram por um tempo, esperando pelo momento certo. Então avistaram um dos próprios cúmplices conversando com Hípias do outro lado da rua. Entraram em pânico. Será ele que os havia traído? Os vigilantes saíram correndo antes que pudessem ser presos, sem esperar pelos outros, agarraram Hiparco e o assassinaram. Em um instante, seus planos cuidadosos se tornaram um caos. Harmódio foi morto no flagra pelos guardas e Aristogitão foi preso. Ele também morreria, mas apenas depois de sofrer uma longa tortura.

Durante seu suplício, Aristogitão gritava acusações contra as famílias mais ilustres de Atenas e contra muitas pessoas que eram amigas dos tiranos. A princípio, o governo não descobriu nada a respeito da conspiração. Uma certa história dizia que Hípias tinha solicitado aos participantes da procissão que largassem suas armas, pois assim poderia encontrar quem estivesse escondendo adagas secretas, mas isso não tinha como ser verdade. Afinal, naquela época, as pessoas que participavam das procissões não carregavam armas.

Alguns historiadores dizem que Aristogitão acusou os amigos dos tiranos para que estes assassinassem homens inocentes, o que seria um pecado contra os deuses. Outros dizem que Aristogitão estava falando a verdade durante a tortura, uma traição para com seus cúmplices.

No fim, depois que todas as tentativas de ser libertado pela morte tinham fracassado, Aristogitão prometeu dar informações sobre mais pessoas, solicitando a mão de Hípias como um símbolo de promessa. Mas Hípias foi tomado por um frenesi de raiva assim que segurou a mão do homem, dado que era a mão do assassino de seu irmão. Então, veloz em seu ódio, sacou sua adaga e o matou.

É DIFÍCIL SER UM GIGOLÔ

JUVENAL, *SÁTIRAS*

As dezesseis *Sátiras* de Juvenal são observações irônicas, às vezes raivosas, sobre a moralidade e a sociedade. Os poemas foram escritos na virada do primeiro para o segundo século depois de Cristo e discorrem sobre vícios e virtudes, repletos de comentários mordazes. Na *Sátira IX*, presenciamos uma conversa entre o poeta e um prostituto, Névolo, que reclama de seu cliente e da desvalorização do próprio trabalho. A aparência dele está abatida, pois não se encontra mais na flor da idade, e Juvenal se lembra dos dias em que aquele homem se deitava com inúmeras mulheres e seus maridos, pois mantinha acesa a chama dos casamentos através dos prazeres do adultério.

JUVENAL: Não entendo o que se passa com você, Névolo. Uma nuvem paira sobre seu rosto, sombreando sua pele. Até o sátiro Mársias, tosquiado, estava melhor que você. Deuses, você parece o escravizado Rávola, que foi pego em flagrante chupando Ródope com a barba encharcada. Está com uma cara tão miserável que é difícil de acreditar. Até um comerciante desprestigiado, que não consegue arranjar as próprias trocas, dá um jeito de sorrir. De onde vieram essas rugas? E esses olhos cansados? Lembro quando você era o arroz de toda festa, vivia contando piadas e deixava a vida o levar. Você é um homem diferente agora. Olhe para seu estado! O cabelo parece uma cerca viva; o rosto se assemelha a um carneiro velho que ficou preso em um arbusto. Anos atrás, sua pele brilhava como o nascer do sol — agora está cercada de rugas profundas. Você está deteriorando, Névolo. Quanto emagreceu? Olha como treme! Parece que sua alma o está comendo por dentro. Não é estranho como uma vida pode partir-se bem no meio? Um divisor de águas... Há pouco tempo você flertava no Templo de Ísis e no santuário de Ganimedes, e saía com as mulheres fáceis. Deuses, você se deitou com dezenas delas... e com seus maridos também, se não me engano!

NÉVOLO: É verdade. Aquela vida já pagou a renda de muitos homens, mas eu nunca tive o devido reconhecimento. Às vezes, recebia um manto ensebado para poupar minha toga, alguma camisa vulgar de tecido barato, ou algum anel sem qualquer autenticidade, mas nada além disso. Pois todos os homens são governados pelas Parcas, que guiam tanto nossas partes íntimas quanto o restante de nosso corpo. Se as estrelas estão contra você, não importa o tamanho de seu pau. Não importa se Virrão baba diante de sua ferramenta, ou se longas cartas de amor chegam toda semana, afirmando que "todo homem ama um garanhão". Não há nada pior que um pervertido avarento. "Paguei uma coisa pela outra, dei-lhe duas moedas hoje, amanhã darei mais." Deuses, não aguento mais isso. Some tudo, e mal chega a cinco mil. Compare-o com minha lista de serviços. Acha que é fácil ou divertido meter meu pau nas entranhas de alguém até a hora da última refeição da noite? É mais fácil o trabalho de um escravizado que mete o arado na terra do mestre do que aquele de meter o arado no mestre. "Pois me diga", dirijo-me a meu cliente, "você costumava gostar de um rapaz bem lindo, um Ganimedes dos dias de hoje, digno de carregar os cálices dos deuses — quando é que vai pagar pelos próprios desejos? Um belo rapaz não merece receber um guarda-sol ou um âmbar perfumado de aniversário? Ou ganhar presentes que possa abrir enquanto se reclina em sua cama em alguma manhã chuvosa de primavera? Diga-me, para quem você guarda todo esse pasto, essas maravilhosas propriedades e essas terras infinitas? Até os milhafres se cansam quando voam por toda a extensão. E esses vinhedos nas elevadas montanhas de Cumas, as fileiras de uvas roxas germinando nas terras desocupadas de Gauro... Não há outro homem com tantos tonéis de vinhos finos; no entanto, não recebo nenhum acre ou uma gota sequer." "É muito descarado de sua parte dizer isso", responde ele, mas minha renda me urge a continuar falando, assim como meu escravizado. Tenho apenas um, e em breve precisarei de outro, e como vou alimentar a ambos? O que farei quando os ventos desnudarem as árvores no inverno? Como lidarei com os pés deles tremendo e seus joelhos batendo? Direi: "Tenham paciência, rapazes, as cigarras do verão logo devem chegar"? "Virrão, mesmo que você descarte todos os favores que lhe prestei, todas as coceiras que aliviei, se eu não tivesse me dedicado tanto, se não fosse tão bom no que faço, sua esposa ainda seria virgem. Deuses, a moça estava prestes a sair do quarto e rasgar seus votos de casamento quando a levei para a cama! Fiquei a noite toda dentro dela para convencê-la a mudar de ideia — e o som de seus lamentos no jardim não estava ajudando. Você não escutou o rangido do colchão e da madeira e o gemido de sua mulher? Enfim. O adultério já salvou o casamento de muitas pessoas. Você não tem dimensão dos serviços que lhe prestei. E não lhe dei um filho e uma filha? Pois é. Você os criará como seus, como pequenas provas de sua própria virilidade, mas você sabe a verdade. Mesmo assim, agora você é pai e esse foi outro presente que lhe dei. Em breve, talvez até exista uma terceira criança a caminho."

JUVENAL: Parece-me uma reclamação muito justa, Névolo. E o que ele respondeu?

NÉVOLO: Ele me ignora completamente. Não vai demorar muito até começar a vadiar com outro asno de duas pernas como eu, mostrando desprezo. Mas, por favor, não diga nada. A última coisa de que preciso

é da inimizade de um homem que se esfolia com pedra-pomes. Ele é louco. Contou-me todos os segredos que guarda e agora age como se eu os tivesse espalhado. Juvenal, ele não pensaria duas vezes antes de me esfaquear ou de incendiar minha casa à noite. Então fique em silêncio. Não há veneno que seja caro para um homem rico como ele.

JUVENAL: Ah, pobre Córidon. Não seja ingênuo. Acha que um homem rico consegue guardar segredos? Se a fofoca já não estiver correndo entre os escravizados dele, o estará entre os cavalos, ou os cães, ou os batentes ou as estátuas... Deuses, mesmo que ele vedasse todas as janelas, fechasse as cortinas, trancasse as portas, apagasse as luzes e tirasse todos os visitantes de casa, ainda haveria um taberneiro a duas ruas de distância que saberia no raiar do dia o que aquele homem fez na noite anterior. Difamar gente rica é o passatempo favorito de todo mundo. O chicote da língua é a melhor vingança contra o açoite do mestre. De toda forma, sempre há algum bêbado no meio da rua que conta histórias para quem estiver de passagem. Há fofocas e segredos por toda parte. Você não devia pedir a mim para ficar em silêncio, mas a eles. Porém não se importe com os boatos que se espalham. A língua é o moinho do mau escravizado que passa o dia produzindo asneiras — mas o pior de todos é o homem que não consegue se esquivar do falatório dos próprios servos. É assim que devolvem o jugo ao pescoço do mestre.

NÉVOLO: Sua fala me parece sábia, meu amigo. Mas, me diga, para onde vou agora? Sinto-me preso na confusão dos anos que se passaram e em todas as esperanças perdidas. A vida, como as estações, apressa nossa pequena flor a se fechar. Enquanto bebemos e jogamos, vestindo nossas grinaldas, o vento cortante chega e deteriora nossa juventude.

JUVENAL: Não se preocupe, Névolo. Enquanto essas sete colinas estiverem firmes ao nosso redor, haverá gente rica aos montes por aqui. As embarcações trazem novas cargas todo dia. Enquanto isso, já experimentou mastigar colza? Ajuda a manter o calor do corpo.

NÉVOLO: Ah, diga isso para outra pessoa, Juvenal. As Parcas que governam minha vida estão mais que satisfeitas com meu pau, pois ele consegue alimentar meu estômago. Ah, meus pobres deuses Lares — não queimo incensos no nome de vocês? Não lhes dedico guirlandas e oferendas de milho? Conseguirei economizar o suficiente para evitar a muleta do mendigo quando envelhecer? Ah, quem me dera um pequeno vaso de ouro, ou um conjunto de travessas prateadas, e as mãos fortes de homens búlgaros que me carregassem em seus ombros através da multidão. Talvez um pintor que fizesse meu retrato, ou um bom cinzelador. Deuses, que oração mais triste. Sempre que converso com a Fortuna, parece que ela tampa os ouvidos com cera.

ELOGIO ÀS IMPERFEIÇÕES

CÍCERO, *SOBRE A NATUREZA DOS DEUSES*

Este trecho de um discurso, preservado por Cícero, refere-se a um político apaixonado por Róscio, um ator estrábico. Aqui, o autor desvia ligeiramente do assunto do amor divino e passa a abordar sua dimensão humana. Ele se detém em temas como a subjetividade e a beleza, e como coisas que por vezes consideramos imperfeitas — como alguma marca ou outra característica física — se tornam ornamentos para nosso desejo. Se são as nossas imperfeições que nos tornam tão belos, como construiríamos o humano perfeito? O relato registrado aqui ilustra como alguns ideais culturais se mostram falsos quando a luz do amor os atravessa.

Não ache que me falta autoestima, mas, se eu fosse falar abertamente, diria que sou tão feio quanto o touro em que Europa montou. Mesmo assim, a questão que temos aqui não se refere a nosso intelecto nem aos poderes da oratória, mas à beleza de nossas formas exteriores. Se pudéssemos inventar nossas próprias formas misturando as partes dos outros, você recusaria ter a aparência de Tritão, aquele que costumamos ver montado em criaturas marinhas meio-humanas? Mas acho que essa base não é firme o suficiente para sustentar um argumento. Afinal, as forças da natureza e do instinto sugerem que quem nasce humano não deseja ser nada além de humano. Ouso dizer que uma formiga também não seria nada além de uma formiga.

No entanto, que tipo de pessoa desejamos ser? Ser belo é um tanto quanto raro. Por exemplo, quando visitei Atenas, era difícil encontrar um homem belo entre as divisões do corpo de treino. Ah, vejo que você sorri, mas é verdade. De toda forma, aqueles que apreciam a companhia dos jovens, conforme permitido pelos velhos filósofos, costumam considerar charmosas as imperfeições deles. "Alceu admira até a pinta no pulso de seu amado." Uma pinta é uma forma defeituosa, mas Alceu a achava bonita. Quinto Catulo, pai de nosso colega e amigo, tinha um fraco por nosso conterrâneo, Róscio. Inclusive, escreveu os versos a seguir em homenagem a ele:

> Certa vez, caminhando no amanhecer, detive-me
> para rezar diante de meu deus, o sol nascente —
> mas o que vi foi Róscio, de pé à minha esquerda,
> iluminado pelo orbe resplandecente. Perdoem-me,
> potências divinas, se digo que o mortal
> parecia mais belo que um deus.

COMO ARRANJAR UM AMANTE

TIBULO, *ELEGIAS*

No começo deste poema das *Elegias*, de Tibulo, o narrador questiona Priapo, o deus fálico, a respeito de suas habilidades de sedução com rapazes. Ele está apaixonado por um homem, Márato, mas a hesitação deste o atormenta. Em busca de algum conselho, pois seu intenso desejo sexual o tortura, o deus lhe responde, explicando-lhe como cortejar rapazes, como agradá-los e como amar melhor. A beleza deste trecho se encontra na construção das camadas, privilegiando listas e turnos, e lamenta o transcorrer do tempo, a investida da idade. No final, o texto decola em um elogio da poesia, mostrando uma abertura generosa e empática para com as pessoas que amam e com os sofrimentos do amor.

"Diga-me, Priapo — que uma copa de folhas
o proteja e as lanças do sol ou as lâminas da neve
nunca caiam inclementes sobre sua cabeça —, como você
encanta os rapazes? Não é como se sua barba fosse
lustrosa ou seu cabelo fosse bem ajeitado.
Já o vi caminhar nu por todo o inverno e
na estação abrasante da Canícula."
Foi isso o que eu disse, e o rústico filho de Baco,
portando seu podão curvo, me respondeu:
"Não acredite facilmente nos rapazes bonitos. Eles sempre
estão de portas abertas para o amor. Um pode lhe agradar
pela forma que segura a rédea de um cavalo. Outro
pela forma como o peito claro divide a água ao nadar.
E, então, outro pode fisgar seu olhar devido à bravura;

e outro, pela modéstia, ou pelo rubor na bochecha pueril.
Porém, mesmo que eles resistam, não desista. Com o tempo,
o pescoço deles cederá ao jugo. A companhia dos homens
chegou a domar até leões, e a água lapida a mais rígida rocha ao
longo dos anos. No decorrer da estação, as uvas avolumam e se adoçam
sob o sol, e as constelações giram pelos céus durante o ano.
E não tenha medo de fazer promessas: os perjúrios do amor são nulos,
os ventos os levam para longe e os espalham na superfície do mar.
Assim quis Júpiter, anulando os poderes dessas juras para que o desatino
do amor expressasse o que quisesse em um rompante de paixão.
Diana também é cúmplice disso. Ela lhe deixará jurar por suas flechas
sem causar nenhum dano; e Minerva, também, em nome do cabelo dela.
Mas você deve se apressar. Se for devagar, tudo será em vão.
A juventude passa rápido como um raio e o tempo não se repete
ou volta atrás. E não se passa o mesmo com a terra, que rapidamente
perde as cores purpúreas; e com o choupo, que perde todas
as folhas no frio? Até o cavalo premiado, que antes
disparava no portão de largada, se desgasta com o tempo e acaba
abandonado. Conheci muitos homens aflitos com a passagem
dos anos e que se arrependiam de como haviam gastado a juventude.
Os deuses são cruéis. A serpente pode mudar de pele
e voltar a ser jovem, mas as Parcas não concedem tal graça
ao homem. Apenas Baco e Febo têm o privilégio da
juventude eterna. Sem dúvida você se entregará a seu
amado: afinal, o amor geralmente vence através
da aquiescência. Você irá, mesmo que ele deseje
caminhar por quilômetros sob o verão escaldante,
mesmo que o arco-íris transborde, e o céu se pinte
de cor de malva e uma tempestade se aproxime. Se o desejo
dele for atravessar as altas ondas salinas, você tomará um remo
e conduzirá o barco por ele. E "sim" será sua única palavra,

mesmo que suas mãos inexperientes calejem no trabalho. Se seu amado
quiser preparar uma emboscada nas profundezas dos vales, seus ombros
carregarão as redes de caça. E se ele quiser praticar com a espada
como um passatempo prazeroso, dispute suavemente;
abaixe sua guarda com frequência para que ele possa vencer.
Ele será manso contigo depois disso. Roube um beijo.
Ele talvez resista, mas permitirá, e não demorará muito
para que ele beije você espontaneamente, sem pudor, e comece a
abraçá-lo pelo pescoço. No entanto, nossa época maldita criou
os rapazes para desejarem presentes. Uma pedra pesada deveria
esmagar os ossos de quem quer que tenha sido a primeira pessoa
que ensinou como vender e comprar o amor. Em vez disso,
ame as musas e os poetas. A medida do verso tem a habilidade
de manter o cabelo de Niso em um tom lilás. Sem a poesia,
não haveria o marfim dos ombros de Pélops.
Viverão para sempre aqueles que estiverem nas histórias das musas,
perdurando tanto quanto a terra germinar carvalhos e os rios fluírem
e o céu prezar por seu fardo de estrelas.
E quem quer que não saiba ouvir a música das musas,
pois vende o amor por um preço — que siga a biga de
Ops do Monte Ida e perambule por trezentas cidades
até perder seu membro. A gentil Vênus abre caminho para as ruínas
do amor." Isso foi o que Priapo disse. "Sua visão brilha
mais intensamente sobre aqueles que imploram, choram e sentem."

DIONÍSIO & PROSIMNO

CLEMENTE DE ALEXANDRIA, *EXORTAÇÃO AOS GREGOS*

Esta história é fragmentária, pois nenhum autor grego a conta por completo, apesar de vários palpitarem a seu respeito. Dionísio procura sua mãe, Sêmele, que está no Hades. Ele deseja resgatá-la, mas não sabe como acessar o mundo inferior. O que vemos a seguir é uma estranha história sobre promessas e luxúria, contada de um modo peculiarmente tocante. Considera-se que essa narrativa seja a origem de várias cerimônias noturnas, ao que parece indescritíveis, que aconteciam perto do lago Alciônio na Antiguidade. Boatos diziam que Clemente de Alexandria, o autor deste relato e um dos primeiros teólogos cristãos, escreveu este texto com a intenção de desmerecer os pagãos. Talvez o autor quisesse dizer que eles não eram capazes de controlar sua luxúria. É preciso reconhecer que é algo um tanto quanto bizarro, mas não soa grosseiro. Em vez disso, parece abordar uma espécie de vida sexual após a morte, e o poderoso mundo imaginário de alguém que deseja conjurar ao mundo dos vivos a presença de um amor além-túmulo.

Dionísio, deus da folia, desejava com desespero descer ao Hades, mas não conhecia o caminho. Encontrou um homem perto do Lago Alciônio, um pastor chamado Prosimno, que se ofereceu para ajudá-lo. Ele levaria Dionísio até o meio do lago em seu barco, mostrando-lhe a entrada para o Hades, mas queria algo em troca.

Algumas pessoas poderiam achar que era uma coisa vergonhosa, mas Dionísio não julgava assim e não teve nenhum escrúpulo em concedê-la. "Quando eu voltar do Hades", disse ele, "prometo-lhe que você poderá fazer amor comigo."

Depois que Prosimno o conduziu até a entrada do mundo inferior, Dionísio partiu em busca de sua mãe, Sêmele. Mas quando voltou, após completar sua missão, não conseguia encontrar Prosimno em lugar algum nos arredores do lago, e contaram-lhe que o pastor estava morto. Dionísio ficou fora de si, tanto de tristeza quanto de luxúria. Correu até o túmulo de Prosimno e se ajoelhou diante dele. Como cumpriria seu juramento para com o belo pastor que o ajudara?

Então viu uma figueira crescendo da tumba e cortou um de seus galhos. Com cuidado, usou uma lâmina para entalhar o ramo na forma de um falo perfeito, então, pensando em Prosimno, cujo corpo poderia ter crescido através da árvore, fechou os olhos. Pegou o falo de madeira escura e, deitando-se sobre a tumba do pastor, penetrou-se, pensando o tempo todo no belo pastor, e assim cumpriu sua promessa.

ASSUNTOS DO CORAÇÃO

PSEUDO-LUCIANO, *AMORES*

Amores, também conhecida como *Assuntos do coração*, é uma obra de diálogos. Como não há certeza se Luciano, o satírico escritor sírio, é de fato o autor do texto, pesquisas acadêmicas geralmente o atribuem a Pseudo-Luciano. A estrutura de *Amores* se delineia conforme o gênero da literatura de contestação. Dois interlocutores, Licino e Teomnesto, juntam-se em um segundo diálogo com Calicrátidas e Cáricles, que assumem o debate e comparam o amor pelas mulheres e o amor pelos rapazes. Por fim, concluem que o último é mais louvável e mais desejável.

Um pouco antes deste trecho, o olhar romântico a respeito da vida dos rapazes parte de uma perspectiva misógina, pois Licino contrasta "os males associados às mulheres" com as formas puras, nobres e virtuosas de um jovem idealizado. O discurso de Licino descreve as mulheres como suspeitas, volúveis e cheias de desdém; já a vida dos rapazes e seus amores são retratados como verdadeiros, divinos e sábios. Já vimos esses preconceitos antes, que sempre concebem o amor homossocial e a amizade entre homens como superiores, por serem mais puros e livres que a depravação das mulheres. Este trecho serve como uma oportunidade de alerta, ainda urgente, de que há inúmeras visões poéticas sobre o amor *queer* que se baseiam na exclusão.

De fato, este diálogo parece nos convidar para uma conversa com o passado, pois parte do exemplo de Orestes e Pílades para investigar seus precedentes históricos. Percebemos que, mesmo na Antiguidade, o amor homoerótico buscava se justificar e obter validação cultural através das antigas histórias dos heróis.

Ele se levanta da cama ao nascer do sol, lava a noite e o sono de seus olhos com água pura e fresca e, depois de vestir sua camisa e as outras roupas, sai do lar de seu pai com a cabeça curvada, evitando os olhares de quem quer que passe por ele na rua. Vários serventes e tutores o acompanham em sua vigília, e cada um carrega os instrumentos de virtude que serão utilizados para ensinar-lhe os modos da virilidade. Não há instrumentos vãos, como pentes ou espelhos que, sem a presença de um artista, refletem o que veem, mas tábuas para escrever e livros que carregam as histórias dos feitos da Antiguidade, assim como uma lira bem afinada, caso seja o dia de visitar o professor de música.

Depois de se esforçar em suas lições de filosofia e terminar seu treino intelectual do dia, seguindo passo a passo na labuta da educação, ele se volta para o exercício do corpo. Pois esse jovem ama os cavalos da Tessália; e logo, ao terminar seu treino, domando-se como se fosse um potro, ele dá curso livre à prática das artes da guerra com tranquilidade. Aperfeiçoa tanto o arremesso de dardo quanto o ângulo do voo da lança. Em seguida, passa horas resplandecentes na escola de luta. O corpo rígido, ainda em formação, cintila sob o sol do meio-dia. A poeira brilha no corpo suado, envolto contra a pele bronzeada de outro rapaz.

Ele se lava depois, mergulhando nas águas de banho, e come sua refeição para então voltar aos estudos. O professor talvez lhe faça perguntas sobre história: qual herói fez tal coisa, que sábio disse tal frase, quem valorizava a justiça e a temperança nos velhos tempos? Essas virtudes lavavam sua alma, iluminando-a e nutrindo-a em seu crescimento; e no fim do dia ele descansa, caindo em um sono merecido.

Quem não se apaixonaria por um jovem desses? Quem não seria tão insensível a ponto de resistir a ele? Quem não se encantaria por um rapaz que parece Hermes na escola de luta, Apolo na lira e Castor na montaria? Ou seja, alguém que todos os dias está em busca das virtudes dos deuses, mas com um corpo mortal. De minha parte, rezo aos deuses para que ao longo da vida me permitam o prazer de me sentar ao lado dele, de escutá-lo falar com sua voz suave e de estar a seu lado no mundo, sendo sempre parte de sua vida.

Ninguém poderia me culpar por desejar que um amante assim atravessasse a vida, da juventude à velhice, sem tristezas, e que ele nunca fosse pego pelas armadilhas volúveis da Fortuna. Mas, se o corpo precisa viver aquilo que é do corpo — se um dia ele acabasse adoecendo, eu estaria a seu lado; se ele partisse em meio às águas tempestuosas, eu navegaria com ele. E, se algum tirano o aprisionasse, eu me prenderia também. Todos os seus inimigos seriam meus inimigos, e eu teria carinho por todos os seus amigos. Se ladrões ou turbas o atacassem na estrada, eu me tornaria duro como o aço para protegê-lo; e, deuses me livrem, se morresse, não aguentaria viver sem ele. Pediria a todos que amo que construíssem um lugar de descanso para nós, para que meus ossos estivessem ao lado dos seus, e a poeira de nossos corpos permanecesse unida para sempre.

E não sou o primeiro a dizer essas coisas: todos os heróis sábios fizeram as próprias leis e frequentemente suas últimas palavras são uma prova do amor da amizade. Por exemplo, Fócida uniu Orestes e Pílades quando eram apenas crianças. Os rapazes navegaram pela vida no mesmo barco, tendo a deusa do amor como sua mediadora. Foram eles que aniquilaram Clitemnestra, como se ambos fossem filhos de Agamenon, e Egisto foi morto por suas mãos. Pílades sofreu quando as Fúrias amaldiçoaram Orestes e permaneceu ao lado de seu amigo durante o julgamento no tribunal. O amor deles seguiu adiante em sua jornada para longe da Hélade, rumo a Cítia, e quando um deles era ferido, o outro era seu enfermeiro. Ao chegarem à terra dos tauros, a fúria dos matricidas estava presente para receber os estrangeiros. Quando os habitantes se reuniram em volta deles, Orestes caiu por terra, abatido pela loucura, e enquanto isso Pílades

> “mitigava a espuma de seus lábios, acariciando
> seus contornos suaves, e o envolveu em uma túnica esplêndida”.

Ele não agia apenas como um amante, mas como um pai. Quando foi decidido que um deveria ser morto e o outro deveria entregar uma carta em Micenas, ambos imploraram pela salvação um do outro, sabendo que a vida dependia da sobrevivência de seu amor. Mas Orestes se recusou a levar a carta, dizendo que Pílades deveria fazê-lo, e assim mostrou que ele era o amante e não o amado.

"A morte dele partiria meu coração.
Eu é que devo sofrer nas mãos das Parcas."

E, não muito depois, ele diz:

"Entregue-lhe a carta. Enviarei meu amor
para Argos; e ele viverá muito mais que eu. Para que
assim seja, eu deixaria qualquer homem tirar minha vida."

Muitas vezes é assim que acontece. Quando o amor que nasce em nós durante a infância se desenvolve e amadurece, sendo modulado pela razão, aquele que amamos retribui nosso amor. Em um momento perfeito, tornamo-nos espelhos puros um do outro, e as fontes do amor, da luz e da imagem tornam-se inseparáveis. Então por que você diz que isso é algo moderno, uma indulgência de nossa própria época, se nós o herdamos dos deuses e das histórias mais antigas? Agradecemos por termos recebido algo tão precioso; nos aproximamos de seu santuário com franqueza e com todo o respeito de nossos corações.
Como diz o sábio ditado, abençoado é aquele

"que tem belos rapazes e corcéis reluzentes;
pois o homem aceita melhor a velhice
quando é amado pelos jovens".

Não é de estranhar que os ensinamentos de Sófocles fossem louvados em Delfos, onde se sentava a sacerdotisa Pítia, ou que os oráculos divinos dissessem que "Sócrates é o mais sábio entre todos os homens". Pois, além de realizar várias descobertas virtuosas, que reanimaram a sabedoria ao longo dos anos, ele não disse também que o amor dos rapazes era a maior bênção?

Então, deve-se amar como Sócrates amava Alcebíades, um homem mais velho que se deitava com um mais novo, tal como um pai, sob o mesmo manto. E devo embelezar o final de meu discurso com as palavras de Calímaco, que deveriam ser ouvidas por todos:

> "Que você, cujos olhos se iluminam diante dos rapazes,
> ame os jovens como Erquio orientou, para que
> sua cidade seja abençoada pelos homens."

Lembrem-se dessa lição, meus caros, e garantam que sua abordagem em relação aos jovens honrosos seja cuidadosa. Não desperdicem o amor que pode frutificar em nome da satisfação rápida. E não encenem um espetáculo afetivo antes de terem amadurecido, mas dediquem-se a louvar o amor divino, mantendo-se constantes ao longo da vida. Pois aqueles que amam dessa forma têm a consciência limpa e gozam de uma vida mais tranquila, garantindo uma reputação melhor e mais reluzente após a morte. Pois, se acreditarmos nos filósofos, há espaço no céu para homens assim; e atravessar a porta da morte com um coração puro, que viveu o amor com pureza, é o que pode imortalizar a alma humana.

NÃO VOU PARAR DE TE BEIJAR

TEÓGNIS, *ELEGIAS*

Os poemas líricos de Teógnis — poeta grego que escreveu durante o século VI a.C. — foram divididos em dois "livros". O segundo, que consiste em cento e sessenta e quatro versos, tem como assunto predominante a homossexualidade. São poemas endereçados a belos rapazes ou que expressam as dores e delícias da paixão. O pesquisador K. J. Dover explica que a provável separação do trabalho de Teógnis em dois "livros" aconteceu na Idade Média, quando se buscou isolar as intensas expressões de homossexualidade do autor do resto de seus poemas, que abordavam a ética da honestidade e da veracidade.

Neste poema, o autor se dirige a um belo amado, pedindo ao rapaz que tenha pena dele, que alivie a dor de seu desejo. É um poema lamentoso e surpreendentemente vulnerável a respeito do amor não correspondido, que nos faz sentir aquela típica dor física de quando o desejo por outra pessoa nos consome.

Meu rapaz, ainda que Cípria o tenha abençoado
com graça e faça com que todos os homens
se aglomerem a seu redor, atraídos por sua chama,
escute-me por um momento. O amor é um fardo pesado

e apenas você pode carregá-lo. Belo cipriano,
meu amor dói — e apenas você pode cuidar
dele, pode fazê-lo brilhar e devolver minha
felicidade. Leve-me, mesmo que

apenas por uma hora, e me devolva renovado
ao trabalho, à sabedoria. Enquanto puder ver

o seu rosto, não vou parar de te beijar. Mesmo que
te beijar significasse minha morte, eu nunca pararia.

Seria tão maravilhoso se você me curasse —
e me parece certo lhe pedir isso em nossas
circunstâncias, pois te amo. Um dia, será você
quem se ajoelhará diante de um belo rapaz

com violetas no cabelo, desejoso de
amor. E então ficará feliz
se ele o conceder. Lindo rapaz, felizes
são aqueles que amam com alegria

e então voltam para casa para dormir
um dia inteiro ao lado de um belo jovem.

FEDRO & SÓCRATES

PLATÃO, *FEDRO*

Neste trecho de *Fedro*, de Platão, Sócrates oferece um discurso lírico e rítmico sobre a loucura do amor. Assim como em *O banquete*, o texto se estrutura na forma de um diálogo, desta vez entre Fedro e Sócrates. Antes deste trecho, Sócrates fala a respeito da reencarnação: afirma que a alma adquire asas e que, em algum momento, volta para seu lugar de origem. Sócrates diz que, quando nos apaixonamos, uma visão divina da beleza na terra nos possui e nossas asas voltam a crescer. Aqui, Platão (via Sócrates) usa o exemplo do amor entre homens. O trecho recorre à imagem das bigas e dos cavalos para descrever a tensão entre a contenção e o desejo, e a disputa entre o amante e o amado quando o amor os possui. As frases longas e cuidadosamente medidas do texto capturam essa sensação de energia e controle, o que de certa forma espelha as belas e tortuosas tensões do próprio amor.

Então, visto que o amado recebe a bênção de todas as formas de serviços de seu amante, como se ele próprio fosse um deus; visto que o amante é verdadeiro, muito apaixonado; e visto que o amado sente fervor e carinho por seu amante, que o serve — ainda que talvez o tenha desdenhado em algum momento, pois seus colegas o envergonharam por se entregar a um homem mais velho —, com o passar do tempo, a mente jovial do amado e as mãos do destino o entregam aos braços do amor. Pois, afinal, a lei do destino afirma que o mal nunca se torna amigo do que é mau, e o bem sempre será amigo do que é bom. Então, quando o amado enfim cede ao amante, este fica abismado diante de sua maravilhosa conversa e companhia. Quem é esse rapaz, tão bom, semelhante aos deuses, e tão jovem? O amante começa a achar que todos os seus amigos, e até seus parentes, não se comparam à companhia de seu amado.

À medida que a intimidade entre os dois cresce, um dia talvez o amor flua pelo amante graças ao efeito das fontes cintilantes, aquelas que Zeus chamou de "desejo" quando se apaixonou por Ganimedes, seja ao se aproximar do amado no ginásio ou nas reuniões cotidianas da vida. Parte flui para seu interior e, quando se preenche, parte flui para fora dele, transbordando; e como um eco ou um sopro de vento ricocheteia nas superfícies lisas, voltando à origem, assim o fluxo da beleza retorna ao remetente através de seus olhos, que são a abertura da alma. Quando chega a esse ponto, ele reanima as cavidades das penas perdidas, alvoroçando-o, e faz com que as asas cresçam. A alma do amado, por sua vez, logo estará cheia de amor.

E então ele está apaixonado, mas não sabe por quem. Está desorientado. Não sabe e não consegue dizer o que lhe aconteceu. Como um homem contaminado, não tem consciência de que, quando olha para o amante, está vendo a si próprio como se encarasse um espelho. Sua angústia se interrompe apenas quando seu amante está com ele; e a ausência do amante o preenche de saudade, que o outro também sente, e ele sente seu amor fluir de volta, como uma imagem do amor de seu amante, retribuída. No entanto, nomeia tudo isso de forma errada: acredita que é amizade, mas é amor.

A força de seu desejo é semelhante à de seu amante, mas não é tão intensa quanto. Ele deseja vê-lo, tocá-lo, beijá-lo, deitar-se com ele, e não demora muito para que tudo isso aconteça. Quando os dois se deitam juntos, o cavalo indomável do amante tem algo a dizer para seu cavaleiro. Diante de tantas preocupações, ele

deseja um pouco de prazer. E o cavalo indomável do amado está quieto, não diz nada, mas enche-se de paixão, abraça e beija seu amante, acariciando o corpo de seu melhor amigo. Quando estão deitados juntos, o amado não recusaria nada que o amante pedisse, mas uma força de modéstia e de razão resiste, governando a situação.

Então, se os melhores elementos da mente (que nos levam à vida filosófica bem organizada) prevalecerem, os amantes poderão viver uma vida harmoniosa e feliz na terra, mestres de si próprios, resistindo aos elementos que corrompem a alma, que apenas se abre para a bondade. E, se assim for, os amantes terão asas e se tornarão leves quando morrerem, campeões de uma verdadeira competição olímpica. Nem a sabedoria humana nem a inspiração dos deuses podem trazer uma bênção maior que essa para alguém.

Mas, se escolherem viver uma vida menos nobre, que não devota seu amor à sabedoria, mas à honra, então pode acontecer de ambos serem pegos desprevenidos por seus cavalos indomáveis em um momento de bebedeira ou de descuido, unindo-os em um êxtase que muitas pessoas valorizam. E, depois disso, continuarão fazendo o mesmo, uma e outra vez, ainda que raramente em alguns casos, porque sabem que ali não brilha a bênção da integridade de suas mentes. Ambos viverão juntos como amigos, mas sua conexão não será tão boa quanto a do outro par. No curso de seu amor e a seu fim, acreditam que receberam as garantias mais certeiras e que nunca vão se romper, e que eles nunca sentirão ódio um pelo outro. Mesmo que esses amantes não tenham asas ao morrer, elas crescerão. Ou seja, até eles são recompensados pela loucura de seu amor e nunca vão recair nas trevas nem perambular sob a terra. Ambos vão viver felizes sob a luz, viajando juntos e — por causa de seu amor —, quando ambos receberem suas asas, elas terão penas que combinam entre si.

Meu rapaz, você chegará a receber essas bênçãos, imensas e divinas, através da amizade de um amante. Por outro lado, ainda que o afeto de alguém que não esteja apaixonado possa ser sensato, cheio de regras de conduta e de benefícios à vida mortal, esse tipo de sentimento nos prende ao mundo, à vida, e nos limita, transformando-nos em andarilhos na terra, e no fim nos deixa no subsolo por nove mil anos.

EPÍLOGO

LUKE EDWARD HALL

Desde que abri meu ateliê em 2015, trabalhei em diversos projetos — e um certo gosto "clássico" esteve presente em grande parte deles, sem dúvida junto a um aspecto *queer.* Fiz o design de uma cortina corta-fogo para a Ópera Nacional da Inglaterra com imagens de Orfeu e de Apolo, que foram ampliadas para dar conta de seus quase dezoito metros de altura. Nessa cortina, Orfeu, o lendário poeta e músico de lábios rosados, tocava seu violino em uma clareira iluminada pelo luar, de coloração violeta, ao lado do deus da música e da dança, Apolo, que tocava sua lira cercado por flechas douradas que voavam acima de sua cabeça. Em vasos, travessas, pratos e azulejos, pintei criaturas e divindades míticas, assim como colunas, frontões e fragmentos arquitetônicos. Forrei o fundo de uma piscina em Portugal com uma cena de atletas de arremesso de lança dançando e salpiquei cenas báquicas nas paredes dos saguões de Belgrávia. Produzi uma variedade de obras têxteis relacionadas com a Antiguidade em uma parceria com Rubelli, o famoso fabricante de tecidos de Veneza. Em uma peça de linho, fiz estampas com esboços em aquarela de rosas vermelhas desgrenhadas, bustos e estátuas nuas; em outra, o tecido cintilava com várias fileiras de cabeças de Antínoo, o favorito do Imperador Adriano. Já fiz camisas e chinelos, uma garrafa de vinho tinto, exposições em Atenas, e até dei o nome Endimião, o rei-pastor de Élis, para a coleção masculina de camisas, blazers, pantalonas e coroas de vime que criei na faculdade. Ofereço essa lista apenas para mostrar quão imerso me encontro no mundo da magia e dos mitos clássicos.

Eu amava uma boa história quando era criança. Amava feitiços e monstros. Desejava cavernas e montanhas elevadas, céus escuros e o quebrar das ondas. Como eu vivia em uma cidade-dormitório, a mitologia era uma espécie de tubulação que me levava para um outro mundo. Tinha um fraco pelas histórias gregas e romanas, com seus heróis, caçadores e príncipes; cavalos voadores; morte e vingança; magia e templos e ah! Havia. Tanta. Beleza.

Nem preciso dizer que meu fascínio com a Antiguidade se relacionava, e ainda se relaciona, a seus personagens *queer*. Na adolescência, eu amava imaginar ilhas encantadas, jornadas impossíveis e monstros marinhos, mas pensar que havia heróis gays (apaixonados!) foi algo que me impressionou mais do que centauros falantes. Quando eu era jovem, decerto não conseguia compreender a maior parte dos detalhes, mas aos poucos passei a entendê-los. Encontrei conforto e alívio nessas histórias na época em que comecei a processar meus sentimentos em relação à minha própria identidade.

É interessante analisar como as personagens *queer* eram vistas no mundo clássico. No artigo "Encontrando pertencimento *queer* na mitologia Antiga", Zoe Schulz explica como "cultuavam-se deuses e deusas *queer*, e suas diferenças não eram vistas como um motivo de ódio, mas como um símbolo de poder e de beleza". Às vezes os mitos podem ser desconsiderados por parecerem histórias estranhas e absurdas, mas o estudo da mitologia aponta que refletem crenças profundamente arraigadas na sociedade, reunindo o inconsciente coletivo de toda uma população. Os mitos nos lembram de que pessoas *queer* sempre existiram, em toda a sua diversidade mágica.

Os mitos, com sua imagética fantástica, me deram uma sensação de pertencimento que reverberou em minha criatividade e em minha vida pessoal ao longo de todos esses anos. Uma fogueira se acendeu quando descobri o mundo da mitologia clássica, e ela continuou queimando desde então. Na realidade, nunca ardeu tão brilhante como durante a organização deste livro. Pois este projeto, com as belas traduções vivas de Seán, me levou em uma jornada que me lembrou de como essas histórias continuam inacreditavelmente comoventes, fortes e importantes. Por mais que tenham sido contadas há milhares de anos, elas continuam a oferecer a mesma sensação de profundo pertencimento para muitas pessoas LGBTQIAPN+ ainda hoje.

Rapaz com um olhar oblíquo de donzela,
eu o chamo, mas você nunca escuta —
você não sabe que é o auriga de minha alma.

ANACREONTE, *FRAGMENTO 360*

Euríalo, filho das Graças, favorito
do ano que passa, deve ter sido Eros
e a Sedução dos olhos suaves que o
nutriram aqui em meio às rosas.

ÍBICO, *FRAGMENTO 288*

Lançando-me uma bola brilhante novamente,
Eros me chamou para brincar com uma
moça esbelta de sandálias reluzentes —
mas ela, bem-criada em Lesbos, afasta
o rosto de mim, de meu cabelo cinza,
e olha para outra garota,
com os lábios entreabertos de encanto.

ANACREONTE, *FRAGMENTO 358*

LEITURAS COMPLEMENTARES

Greek Homosexuality (*A homossexualidade na Grécia Antiga*, em tradução livre), Kenneth Dover. Cambridge, MA: Harvard University Press, 1989.
Trata-se de um livro clássico, sem excessos, que nos oferece uma compreensão detalhada a respeito do mundo grego por meio de sua poesia, arte, fetiches, fantasias e códigos legais. SH

Lovers' Legends: The Gay Greek Myths (*As lendas dos amantes: Os mitos gays da Grécia*, em tradução livre), Andrew Calimach. Nova York: Haiduk Press, 2002.
Esse breve volume reúne os principais mitos e lendas gregas que envolvem o amor entre homens: aparecem Zeus e Ganimedes, Héracles e Hílas, Aquiles e Pátroclo. LEH

Homosexuality in Greece and Rome: A Sourcebook of Basic Documents (*A homossexualidade na Grécia e em Roma: Um livro de referência de documentos básicos*, em tradução livre), Thomas K. Hubbard. Berkeley: University of California Press, 2003.
Uma coleção bastante sucinta e genial, incluindo desde fragmentos líricos até textos de oratória, que aborda a homossexualidade no mundo clássico com comentários claros e mordazes. SH

The Seduction of the Mediterranean: Writing, Art and Homosexual Fantasy (*A sedução do Mediterrâneo: Escrita, arte e fantasia homossexual*, em tradução livre), Robert Aldrich. Londres: Routledge, 1993.
Ao investigar quarenta figuras da cultura europeia, esse livro sugere que o Mediterrâneo, clássico e contemporâneo, foi o tema central da escrita e da arte homoerótica entre os anos de 1750 e os idos de 1950. LEH

Roman Homosexuality (*A homossexualidade romana*, em tradução livre), Craig A. Williams. 2ª edição. Oxford: Oxford University Press, 2010.
O livro de Williams é um estudo brilhante sobre as relações de poder, a masculinidade, a afeminação e as identidades antigas, colocando-se contra a "indústria do encobrimento" que obscureceu o estudo histórico da homossexualidade romana. SH

Myths and Mysteries of Same-Sex Love (*Mitos e mistérios do amor homossexual*, em tradução livre), Christine Downing. Nova York: Continuum, 1989.
Downing busca se afastar das noções estabelecidas a respeito da homossexualidade para recuperar uma compreensão mais complexa sobre o amor entre mulheres e o amor entre homens. LEH

Sex On Show: Seeing the Erotic in Greece and Rome (*Sexo à vista: Observando o erótico na Grécia e em Roma*, em tradução livre), Caroline Vout. Londres: British Museum Publications, 2013.
O livro de Caroline Vout, ilustrado com fotografias de artefatos, realiza uma imersão real no olhar erótico da Antiguidade e nos guia de forma fascinante pelos códigos culturais inerentes às formas e às posições dos corpos representados. SH

Picasso: Minotaurs and Matadors (*Picasso: Minotauros e toureiros*, em tradução livre), John Richardson. Nova York: Rizzoli, 2017.
Esse catálogo completamente ilustrado, publicado junto à exposição *Picasso: Minotauros e toureiros*, na Gagosian de Londres (curadoria de John Richardson), examina a intersecção entre a imagética de touradas de Picasso e suas composições mitológicas e biográficas na década de 1930. LEH

Female Homosexuality in Ancient Greece and Rome (*A homossexualidade feminina na Antiguidade grega e romana*, em tradução livre), Sandra Boehringer. Trad. de Anna Preger. Londres: Taylor & Francis, 2021.
Um livro que causou um escândalo quando a primeira edição foi publicada na França. O trabalho de Boehringer aborda de modo envolvente e afiado os vários textos e personagens que você encontrou neste livro, passando por Ovídio e Platão até a Filênis de Marcial e a jovem lésbica de Anacreonte. SH

Homer's Odyssey (*A Odisseia de Homero*, em tradução livre), Simon Armitage. Londres: Faber & Faber, 2007.
Nesta publicação, originalmente comissionada pela Rádio BBC, Simon Armitage transforma o épico de Homero em uma sequência de diálogos dramáticos. Sua versão é espirituosa e engraçada, e forneceu uma ótima trilha sonora enquanto eu fazia as ilustrações deste livro. LEH

Sexual Life in Ancient Greece (*A vida sexual na Grécia Antiga*, em tradução livre), Hans Licht. Trad. de J. H. Freese. Nova York: Routledge, 2000.
O livro de Lich é fascinante e detalhista, investigando inúmeros aspectos da vida sexual na Grécia Antiga, como a masturbação, as fantasias, os festivais e os jogos eróticos. SH

Jean Cocteau: Catalogue de l'exposition au Centre Pompidou (*Jean Cocteau: Catálogo da exposição no Centre Pompidou*, em tradução livre), François Nemer. Paris: Centre Georges Pompidou, 2003.
Esse catálogo, que também foi um guia para a exposição de Jean Cocteau no Centre Pompidou em Paris (set/2002 – jan/2004), é um dos favoritos em meu ateliê e já o folheei bastante. Para mim, os desenhos e murais mitológicos de Cocteau são profundamente inspiradores. LEH

AGRADECIMENTOS

SEÁN HEWITT

Gostaria de agradecer a Richard Atkinson e Sam Fulton por conduzirem a embarcação com tamanha precisão e entusiasmo, e a Amandeep Singh e Millie Andrew pela magia que fizeram no design e na diagramação. Claire Péligry tem olhos de águia e realizou uma revisão generosa do texto final.

Hannah Abigail Clarke contribuiu com um trabalho inestimável e meticuloso, responsável por descobrir novas fontes de texto e por me apresentá-las. Como especialista, realizou transcrições e interpretações dos originais de uma extensa variedade de livros. Também agradeço a Henry Eliot por oferecer sugestões importantes a respeito de trechos do material clássico. Jim Stoddart criou o lindo design deste livro, que foi produzido por Taryn Jones e Jow Howse. Quero agradecer também ao time de nossa campanha, Matt Hutchinson e Liz Parsons.

Também devo gratidão às pessoas que trabalham na biblioteca da Trinity College, em Dublin, por me auxiliarem no manejo deste material. Por um bom tempo, as palavras "sodomia", "sexo", "pederastia" e "erótico" constaram com frequência em minha lista de livros emprestados, e ninguém nunca fez caso disso.

Agradeço a Luke Edward Hall por me inspirar com suas ilustrações vívidas e maravilhosas. E agradeço muito, como sempre, a meu agente, Matthew Marland.

LUKE EDWARD HALL

Gostaria de agradecer a nosso editor, Richard Atkinson, por entrar em contato comigo (graças à nossa amizade em comum, Skye McAlpine — obrigado, Skye!) para propor a criação de um livro ousado e colorido com enfoque no amor *queer* na Antiguidade.

Agradeço a Sam Fulton por organizar tão bem a execução do projeto e por sua condução prévia das ideias. Jim Stoddard criou um design fantástico para o livro, que teve a diagramação de

Amandeep Singh e Millie Andrew. Também quero agradecer a Matt Hutchinson e Liz Parsons, dos times de publicidade e marketing da Penguin.

Agradeço a Nadia Gerazouni e Alkistis Tsampouraki, da galeria em que trabalho, The Breeder in Athens, que imediatamente reverberaram magia do livro, sugerindo ideias para uma exposição das ilustrações.

Um agradecimento especial a Seán Hewitt por suas lindas traduções, em geral muito comoventes, às vezes engraçadas e em alguns momentos perturbadoras! O texto transborda vida, e ilustrar cada trecho foi divertido e excitante.

Seán Hewitt mora em Dublin, é poeta, memorialista e crítico literário. Seu trabalho se inspira no mundo natural, nas presenças do passado e na música da linguagem.

Luke Edward Hall é artista, designer e colunista inglês. Sua filosofia se orienta pelo amor à contação de histórias e à fantasia. Seu trabalho cheio de cores se inspira na história, filtrada pelas lentes de um romantismo irreverente.

Título original: *300,000 Kisses*

Copidesque	**Angélica Andrade**
Revisão	**Daniela Georgeto e Andréa Bruno**
Adaptação e diagramação da capa e miolo	**Juliana Ida**

Dados Internacionais de Catalogação na Publicação (CIP)
(Câmara Brasileira do Livro, SP, Brasil)

H528t

Hewitt, Seán
300.000 beijos: histórias de amor *queer* na antiguidade/ Seán Hewitt, Luke Edward Hall; [tradução Be RGB]. - 1. ed. - Rio de Janeiro: Harlequin, 2024.
208 p. : il. ; 21 cm.

Tradução de: 300,000 kisses: tales of queer love from the ancient world
ISBN 9786559704231

1. Homossexualidade - Literatura clássica. 2. Literatura clássica - Coleções literárias. I. Hall, Luke Edward. II. RGB, Be. III. Título.

CDD: 880.8
24-93115 CDU: 821.14

Índice para catálogo sistemático:
1. Homossexualidade – Literatura Clássica 880.8

Bibliotecária Responsável: Meri Gleice Rodrigues de Souza – CRB-7/6439

Rua da Quitanda, 86, sala 601A - Centro,
Rio de Janeiro/RJ - CEP 20091-005
Tel.: (21) 3175-1030
www.harpercollins.com.br

Este livro foi impresso pela Maistype, em 2024, para a Harlequin. O papel do miolo é pólen bold $90g/m^2$, e o da capa é offset $150g/m^2$.